현대사회와 가족

현대사회와 가족

초판1쇄 인쇄 2013년 8월 12일
초판1쇄 발행 2013년 8월 19일

지은이 김중백 · 유도진 · 이창순 · 김현식
송재룡 · 우혜영 · 김지연
펴낸이 조인원
펴낸곳 경희대학교 출판문화원

주소 서울특별시 동대문구 경희대로 26
전화 02-961-0106~8, 팩스 02-962-8840
설립 1960년 9월 16일 제5-8호
등록 1977년 11월 8일 제6-5호
홈페이지 www.khupress.com
전자우편 press@khu.ac.kr

ISBN 978-89-8222-453-9 (93340)

현대사회와 가족

김중백 | 유도진 | 이창순 | 김현식 | 송재룡 | 우혜영 | 김지연

경희대학교 출판문화원
KYUNG HEE UNIVERSITY PRESS

| 머리말 |

현대 한국 사회에서 가족은 쇠퇴하고 있는가?

이 책의 기획의도를 설명하기 위해서는 편저자의 사소한 개인 경험을 고백하지 않을 수 없다. 편저자가 미국에서 교편생활을 마치고 2010년 가을경 귀국하여 야심차게 구입한 물건은 스마트폰이다. 학교에 통근하는 시간을 논문도 읽고 영어회화 연습도 하며 좀더 효율적으로 보내겠다는 거창한 목적으로 구입했지만 본래 목적과는 다르게 인터넷 검색용으로만 사용하였다. 그런데 포털사이트 '다음daum'의 첫 화면에 미즈넷miznet.daum.net이라는 섹션이 있어 호기심에 게시판의 글들을 읽어보게 됐다.

게시글들을 읽으면서 조금도 눈을 뗄 수 없었다. 쉽게 표현해서 미즈넷은 인기 TV 드라마 〈사랑과 전쟁〉의 내용이 담긴 게시판이다. 차이가 있다면 미즈넷에 올라온 글들은 모두 글쓴이들이 직접 경험한 일이라는 점이다. 인기 글의 조회 수는 수만에 달했으며 댓글이 수백 개씩 달리기도 한다. 살펴본 바로 미즈넷 게시판의 글들은 우리나라의 일반적 가정에서 벌어지는 일이라고는 믿기 어려울 정도의 이야기들로 가득했다.

전통적인 고부간 갈등은 물론 부부간의 갈등, 부모·자식간의 갈등, 형제·자매 간의 갈등, 시댁과 처가의 갈등, 경제적 갈등, 성적性的 갈등까지 가족이라는 공동체 안에서 벌어질 수 있는 모든 종류의 갈등을 찾아볼 수 있었다. 물론 가족이라는 공동체가 언제나 좋은 의미로 존재하지는 않을 것이라 생각하고 있었지만, 인터넷 게시판을 통해본 바라본 한국의 가족 상황은 나로 하여금 다음의 질문을 곱씹게 했다. '현대 한국 사회에서 가족은

쇠퇴하고 있는가?'

사회학에서 가족의 의미는 특별하다. 사회학은 개인들 간의 관계와 상호작용의 집단적 특성을 밝혀내고 이러한 집합행위와 관련된 사회 구조와 문화의 설명을 학문의 기본목표로 삼는다. 쉽게 표현하면 사회적 동물로서의 인간행위와 사회적 환경을 이해하는 데 가장 큰 관심을 두는 학문이 바로 사회학이다. 사회적 존재로서 인간은 사회의 문화와 규범, 행위양식 등을 배우는 사회화 과정을 경험하게 되는데 이러한 사회화가 이뤄지는 가장 기초 단위의 사회조직이 바로 가족이다.

가족은 생물학적 특성을 지닌 일차집단이지만 그 형태나 구조, 그리고 수행하는 역할은 시간의 흐름과 사회변동의 과정에서 변하고 있다. 우리나라는 가족의 구성형태 측면에서 보았을 때 가문과 친족 중심의 대가족 제도 대신 부부 중심의 핵가족 제도가 일반적 형태로 자리 잡고 있으며 최근에는 더 나아가 1인 가구가 전체 가구의 약 20%를 차지하고 있다. 또한, 조손가족, 미혼모가족, 양부가족, 양자가족과 같이 부모와 자녀로 구성되지 않은 가족의 비중 역시 빠르게 증가하면서, 남녀가 혼인으로 결합하고 출산 또는 입양으로 얻은 자녀와 더불어 사는 집단이라는 가족의 기본 개념이 재정립되어야 하는 상황이 발생하고 있다.

가족문화의 측면에서 본다면 과거에는 남성 위주로 가계의 계승을 중시하는 수직적 가족 가치관이 지배했다면 점차 양성평등과 부부를 중심으로 하는 수평적 가족 가치관이 확산되고 있다. 가족은 여전히 정서적, 관계적 보금자리로서의 역할을 수행하면서도 계속된 장기불황과 세계화의 그늘과 불거진 미래에 대한 불확실과 경제적 곤란, 공동체적 유대감의 상실로 인해 공동체 해체와 저출산의 고착화라는 상황에 놓여 있다. 그 결과 가장 원초적이며 생물학적 특성을 지닌 사회집단인 가족은 대한민국과 전 지구적 사회변동의 한 가운데서 그 어느 때보다도 급속한 변화를 겪고 있다. 이렇게 가족을 둘러싼 사회 환경의 변화가 가족과 그 구성원들에게 미치는 영향은 매우 복합적이기 때문에 가족을 사회학적 시각으로 살펴보는 것은 그 어느 때보다도 필요한 작업이다.

이 책은 '현대 한국 사회에서 가족은 쇠퇴하고 있는가?'라는 질문에서 출발했지만, 편저자가 생각하기에 이는 쉽게 답할 수 있는 문제가 아니다. 가족의 변화를 만약 결혼인구의 감소, 출산력의 저하, 이혼의 증가, 비혼 가구의 증가 같은 기준으로 본다면 가족은 쇠퇴 중이라고 말할 수 있을 것이다. 미국의 저명한 가족사회학자인 앤드류 셜린Andrew Cherlin은 2004년 *Journal of Marriage and the Family*에 실린 논문에서 미국의 가족은 탈제도화deinstitutionalization를 겪고 있으며 이 과정에서 가족의 구성과 역할과 관련된 사회적 규범이 약화되고 있다고 주장한다. 이웃 나라 일본의 사회학자인 야마다 마사히로는 『우리가 알던 가족의 종말』이란 저서에서 가족이 안정적 질서에 기초한 효율성 중시 집단으로 변모해가고 있다고 하면서 '가족의 개인화'가 일본의 현주소라고 주장했다. 기존의 가족구조와 문화의 변화에 따라 가족이 담당해야 하는 역할과 사회에서 차지하는 지위가 과거와는 다르다는 데 공통으로 주목하고 있다.

우리 사회도 예외는 아니다. 현대 한국 사회의 가족문제는 매우 복잡한 양상을 띤다. 여전히 전통적 의미의 가족 문화와 구성원간 수직적 인간관계가 존재하지만 여성의 사회참여 증대와 서구화에 따른 개인주의의 확산은 기존의 가족 구조를 조금씩 바꾸고 있다. 하지만 동시에 계속된 경제적 불황에 따른 청년실업 현상은 '캥거루족'이란 신조어를 만들며 가족의 책임과 역할을 재조명하고 있다. 또한 주5일제 근무에 따른 주말문화의 발달은 가족간 소통을 증진시키는 결과를 가져오기도 하였다. 따라서 끊임없이 변화하는 가족제도를 사회학적 상상력을 가지고 사회구조와 역사의 틀 안에서 바라보는 작업은 큰 의미를 가진다.

이 책을 함께 기획하고 집필한 저자들은 21세기 한국 사회의 역사적·구조적 맥락에서 가족이 가지는 의미와 역할을 분석하여 가족의 사회학적 이해에 기여하려는 목적으로 모였다. 이러한 취지 아래 이 책에서는 총 7편의 글을 담았다. 모든 글이 하나의 관점과 시각에서 쓰인 것은 아니지만, 사회학의 눈으로 우리 가족이 직면한 문제점을 바라보고 있다.

먼저 유도진의 글 「청소년들이 바라보는 가족공동체」는 가족공동체의 근본적 의미를 청소년의 시각에서 바라보았다. 청소년은 여전히 부모에게 많은 부분을 의지하고 있지만, 가정의 틀을 넘어서 더 넓은 의미의 사회화를 경험하기 시작하는 복합적인 세대이다. 이러한 청소년에게 우리의 가족이 어떻게 비치고 있는지 살펴본다면 가족의 의미와 현황에 대해 더욱 잘 이해할 기회가 될 것이다. 이 글은 결론으로 청소년의 가족 인식에 영향을 미치는 요인으로 여성의 사회적 진출, 부모의 권위구조 해체, 계속된 경제적 곤란 등을 제시하면서 사회 구조적 맥락에서 청소년이 인지하는 가족공동체의 의미를 통해 가족의 본질을 밝히려 하고 있다.

이창순의 글 「여성의 삶의 질과 가사노동」은 여성취업이 증가하고 전통적인 가족부양구조가 약화하는 현실에서 가사노동의 성 불평등성을 여성 복지적 측면에서 고찰하고 바람직한 부부관계에 대한 사회적 관심을 검토하고 있다. 전통적인 가족집단주의에 토대한 우리 사회의 부부가족 관계에서 전통적인 모성 역할과 사회참여를 통한 자아성취 추구 사이에서 갈등하고 있는 여성의 상황에 대해 논의하면서 스웨덴의 가족복지정책이 일과 가정에 대한 여성의 이중부담을 개선하는 데 어떠한 함의가 있는지 실례를 들어 설명하고 있다.

김현식의 두 글은 가족을 구성하는 두 요인인 결혼과 출산 가운데 첫째 자녀 출산이 가지는 의미가 가족구조와 맥락에 따라 어떠한 의미가 있는지를 신뢰성이 높은 『노동패널』 자료를 사용해 논의하고 있다. 「부모동거와 첫째 자녀 출산」에서는 초산에 미치는 가족구조의 영향력을 살펴보면서 친정부모와의 동거, 시부모와의 동거가 각각 출산력과 어떤 관계를 형성하는지 검토했다. 최근의 저출산 지속현상이 인구구조는 물론 사회 구조 전반에 큰 영향을 미치고 있으며 한국에서 결혼은 여전히 집안 간의 결합 측면이 크다는 점을 고려할 때, 앞으로 출산정책의 입안에 실질적으로 기여할 수 있는 함의가 있다고 하겠다. 「신혼 초기 첫째 자녀 출산과 삶의 만족도」에서는 첫 자녀 출산이 가지는 의미가 사회경제적 지위에 따라 다를 수 있다는 점에 근거해 첫 자녀 출산이 삶의 다양한 만족도에 미치는 영향이 사회경제적 지위에 따라 어떻게 변하는지를 검토했다. 자녀의 출산은 부모에게 더할 나위 없는 축복이지만 최근 경제난과 급증하는 육아비용은 첫째 자녀 출산으로 인한 삶의 만족도의 사회적 격차를 가져올 수 있기 때문이다.

김중백의 두 글은 생애과정의 측면에서 유년기 시절 가족구조 내에서 경험한 부정적 생애사건negative life event이 어떻게 성인기 시절의 정신건강에 영향을 미치는지 그 과정을 검토한다. 「가족의 해체는 우리에게 어떤 영향을 미치는가?」에서는 부모의 이혼이 자기통제감에 미치는 생애과정 효과를 검토한다. 유년기 시절에 경험한 부모의 이혼은 사회적·정서적 자원을 공급하는 가족 기능 수행의 위기상황을 뜻한다. 부모의 이혼은 가정의 응집성과 공동체로서의 유대감 형성을 저해하여 가족 구성원들의 행복과 만족도에 부정적 영향을 미칠 수 있다. 하지만 한 부모 가정에서 성장한 자녀들은 부모의 이혼으로 인한 부정적인 환경에 적응하고 극복하기도 한다. 따라서 부모의 이혼이 성인의 심리적 안녕감에 미칠 수 있는 복합적인 관계를 미국의 대규모 설문조사를 통해서 분석했다. 「유년기 학업중단 경험이 우울증에 미치는 영향」에서는 교육격차가 정신건강에 미치는 영향과 대처자원으로서의 가족의 역할에 주목한다. 지식창조사회에서 교육의 의미는 더욱 강조되고 있는데 교육격차를 가져오는 한 요인인 학업중단은 삶의 질의 격차를 가져올 것이다. 그러나 이렇게 교육에서 기인한 정신건강의 격차는 가족환경에 따라 달라질 수 있다. 가족이 정서적 자원의 공급원으로서 교육 불평등의 결과를 상쇄하는데 어떻게 작용하는지 『노동패널』 자료를 통해 살펴본다.

마지막으로 송재룡의 글 「한국 사회의 자살과 가족, 그리고 가족주의」는 한국의 집합적 경향을 재생산하는 사회문화적 배경을 가족주의적 습속으로 규정하면서 자살현상을 이러한 집합적 경향과 불가분의 관계를 가진 사회문화적 현상으로 설명한다. 습속은 "한 사회의 집합적collective 삶에 속성을 부여하고 특정한 방향으로 몰아 정형화시킴으로써, 그 사회의 '삶의 유형'을 만들어 가는 힘"으로 정의되는데 "출세와 성공지향의 강력한 문화·정서적 경향"은 가족주의적 습속의 존속을 뜻하며 한국 사회의 구성원들에게 강박적이고 고통스러운 존재론적 조건으로 작용한다. 세속적 의미의 출세와 성공의 실현이 점점 더 힘들어지는 현대 사회의 환경에서는 심리적 및 경제적 측면에서뿐만 아니라 일상적 측면에서도 과도한 욕구 설정에 따른 욕구불만과 좌절, 강박적 집착, 의미상실과 우울증 등의 상태에 빠지게 되는데, 대한민국의 자살은 결국 이러한 가족주의적 습속의 존재 구속적 기제의 결과라고 주장한다.

이 책은 현대 한국 가족이 겪는 수많은 변화와 갈등 가운데 일부분만을 사회학적 시각으로 분석한 연구결과의 모음이다. 이 한 권의 책으로 한국의 가족문제에 대한 모든 해답이나 시사점을 제시할 수는 없지만, 저자들이 각각 자기만의 관점으로 가족과 관련된 다양한 상황들을 분석하고 있기 때문에 가족의 사회학적 연구를 더욱 풍성하게 해줄 것이다. 그런 만큼 급격한 사회변동의 흐름에 있는 가족의 새로운 의미와 역할을 독자들이 이해하는데 도움이 되기를 바란다. 또한, 일반 독자를 넘어 가족에 관심이 있는 동료 학자들의 냉엄한 평가를 받고자 하는 것도 이 책을 발간하는 또 다른 목적이다.

어느 때부터인가 가족에 관심 있는 사회학자의 수가 줄어들고 사회학 학술지에도 가족 관련 논문을 찾기 어려워졌다. 이는 우리 스스로 가족이라는 집단을 너무 좁게 보고 사회 구조 속에서 가족제도가 가지는 역할과 구성원간 갈등의 변화 양상에 관심을 거둔 결과가 아닌가 한다. 이 저서를 통해서 가족에 대한 사회학자들의 관심이 다시 증진되어 인간사회의 기본단위인 가족이 가지는 의미를 분석하는 사회학 연구가 더 많이 나오기를 소망해본다. 끝으로 이 책의 발간에 큰 도움을 준 경희대학교 출판문화원에 감사를 드린다. 참고문헌의 편집과 정리에 도움을 준 박지수 학생에게도 고마움을 전한다.

저자들을 대표해서

김 중 백

| 차례 |

제1장

청소년들이 바라보는 가족공동체

유도진

1. 들어가며

한국 사회 구성원을 세대별로 구분해보면 크게 경제지향주의 세대인 60대와 이념지향주의 세대인 40대, 자유지향주의와 가치관의 다원화를 지향하는 20대로 나눌 수 있다. 자유를 지향하는 오늘의 한국 청소년들은 1950년 한국전쟁 이후 급진적으로 전개되고 있는 문화 이식 과정에서 탈문화화의 피해자인 동시에 신문화형성 과정의 창조자 역할을 하는 세대이다. 이 세대가 지향하는 가치는 구미 선진사회 청소년들이 지향하는 것과 같이 자유주의 가치관이다.

한국청소년들이 지향하는 자유주의적 가치관의 형성은 한국사회의 문화지체cultural lag 현상 과정과 신문화형성 과정 중에 표출되는 가치관의 갈등구조 속에서, 그리고 극대화되어가는 사회적 아노미 현상 과정에서 자신들의 사회적 입지를 확보하는 유일한 선택의 결과일 수도 있다. 이들의 일상에서 중요한 가치는 '쉽게 돈 벌어 잘 먹고 잘사는 것'이다. 따라서 이들이 이해하는 '일arbeit'의 개념은 '땀 흘리지 않는 일'로서 다른 세대가 생각하는 일의 개념과는 상이하다. 다양한 가치관의 변화를 겪는 이러한 사회적 상황에서 오늘의 청소년들에게 조명되는 가족공동체의 의미는 과연 어떠한 것일지? 만약에 오늘의 가족제도가 해체된다면 다음의 대안 공동체는 무엇이 올지? 를 연구하여 보는 것은 흥미 있는 일이다.

이 글은 한국을 비롯해 독일과 스페인, 폴란드, 리타우엔Litauen, 칠레, 이상 6개국이 참여하여 공동으로 연구 중인 '청소년 가족관의 이념적 모델'의 한 부분으로서 한국청소년에게 비친 가족공동체 연구에 근거하고 있다.

가족공동체가 건강할 때 그 사회와 국가도 건강하다. 건강한 사회의 구성원들은 사회공동체의 발전을 위하여 참여하고 봉사하며, 건강한 국가의 국민은 단결하고 애국하며 인류공동체 발전에 이바지한다. 건강한 가족공동체는 부부애를 기반으로 가족구성원 상호 간의 기능적인 역할분담에 자발적으로 참여하고 봉사함으로써 가능하다.

그리스신화에서 부부의 이상은 아내 또는 남편과 함께 죽음을 맞이하는 것이다. 착한 노부부인 필레몬과 바우키스에 감복한 제우스가 "그대들의 소망은 무엇이냐?"라고 묻자 필레몬은 아내와 한날한시에 죽게 해달라고 한다. 부부는 함께 세상을 떠나면서도 "여보 잘 있어요."라고 말한다. 이에 제우스는 부부를 참나무와 보리수로 만들어 마주 보게 한다.

그리스신화에서 보듯 가족의 중요성이 강조되는 것은 가족이 돈독한 부부애의 실현을 근거로 자녀들의 정상적인 사회화를 돕고 구성원 간의 정서적 유대를 강화하며, 사회를 지속적으로 유지시킬 수 있는 재생산과 경제적 활동이 이뤄지는 보편적인 제도와 구조이기 때문일 것이다(Nave-Herz, 2002). 이러한 보편적인 가족제도의 구조를 크게 나눠보면 동양의 집합주의적 가족구조와 서양의 개인주의적 가족구조라는 두 이념 틀을 상정할 수 있다. 집합주의적 가족구조와 개인주의적 가족구조의 혼재 속에서 나타나는 한국사회 구성원들의 가치관 혼란(옥선화, 1999; 신수진, 1998; 김경신,

1998; 이순형, 1996; 유영주, 1990)은 개인의 일상에서만이 아니라 가족구조 변화(김혜숙·김은희·김항원·유철인·장현섭, 1999; 이여봉·이미정, 2003)에도 전례 없는 영향을 주고 있다.

두 이념적 틀에 영향을 받는 한국 가족의 변화 방향을 정립하려면 정치적으로나 사회적으로 뚜렷한 기준이 잡혀야 하지만 그렇지 못한 것이 우리의 현실이다. 바꿔 말해 우리의 역사성과 전통성을 기준으로 삼든지, 아니면 서구의 개인주의적 가족주의의 긍정적 측면을 여과하여 정책수립에 참고하든지 양자택일하는 것은 한국의 가족정책을 수립하는 데 시급한 과제이다. 왜냐하면, 구성원들이 때로는 집합주의적 가족관을 때로는 개인주의적 가족관을 필요에 따라서 각자의 생활에 적용하고 있기 때문이다. 그 한 예로 가족의 협조가 필요할 때에는 집합주의적 가족관을 강조하고 있고 그렇지 않을 때에는 개인주의적 가족관을 주장하는 편의주의적 경우가 있는가 하면 '내리사랑'이란 가치관은 자녀를 위한 부모의 의무는 강조하고 있지만, 부모를 위한 자녀의 의무는 아직도 서구보다 법적으로 강화되고 있지 못한 실정을 들 수 있다.

혼재하는 두 가족관의 충돌에서 야기되는 문제는 가족구성원 간 심화한 물질적, 비물질적 갈등관계로 나타난다(유도진, 2002). 형제·자매 간과 친인척 간, 부모와 자녀 간의 관계가 소원해지거나, 해체되는 경우를 그 예로 들 수 있다. 특히 사회문화적 여과 없이 서구에서 수입한 이른바 '핵가족'(안병철, 1980; 이미경, 1999) 개념은 보편화하여가는 실정이며 이 때문에 가족구성원 관계의 친밀도가 떨어지고 있다. 서구에서 핵가족은 개인주의에 근거하여 법적으로 성년이 된 자녀에게는 철저하게 개인주의적 권한을 부여하는 한편, 부부 간의 경제적 관계를 법적으로 규정하고 있다는 데 대표적 특징이 있다. 반면 우리는 성년이 된 자녀라도 결혼 전까지는 부모와 동거하며 학교 교육비와 생활비를 부모로부터 지원받고 결혼할 때도 결혼 비용과 주거비까지 경제적 지원을 받는 실정을 고려할 때, 설사 결혼을 하여 독립 가구를 구성한다 할지라도 부모와의 물질적 또는 비물질적 관계가 지속적으로 유지되고 있다. 그뿐만 아니라 아직도 우리는 부부가 되려면 부부간의 경제적 관계를 법적으로 규정하고 혼인을 성사하진 않는다. 따라서 우리 사회에서 사용하는 이른바 '핵가족'과 서구의 '핵가족' 개념 간에는 큰 차이를 확인할 수 있다. 이러한 정황을 살펴볼 때, 서구의 핵가족 개념보다는 우리 정서에 맞는 '소가족' 개념이 오히려 그 의미에 상응하는 듯하다(장현섭, 1993).

한국의 가족은 한국사회의 역사와 전통 안에서 성장하고 변화되어 왔다. 이러한 과정을 통해 발전한 한국 가족의 정체성과 문화의 힘은 국가 발전에 기여하게 된다(유도진, 2001). 따라서 가족이 건강할 때 국가도 건강하고 건강한 국가의 국민들은 단결하고 애국하게 되는 것이다. 그러나 한국의 가족은 건강하지 못하다. 자녀와 부모들은 그들 나름대로 각자 살기를 원하고 있으면서 타의 간섭을 불허하고 있다. 가정에서 가족공동체의 내용을 구현하는 밥상공동체 실현은 점차 불가능해지고 있고, 한 지붕 아래 동거는 하고 있지만, 구성원 간의 사회적 관계는 기능적 관계로 변모하여 이제는 가정이라기보다 이른바 '단순한 숙소'로 그 의미가 변하여 가고 있는 실정이다(유도진, 2001).

이처럼 부정적인 사회적 관계(나빠지는 부모 자녀와의 관계, 친인척과의 관계 등)만이 아니라 저출산이나 이혼율과 독신의 증가 등은 가족의 해체를 가속화하고 있다. 저출산과 이혼율이 세계적으로 우위를 차지하고 있다는 사실은 우리 사회를 지배하고 있는 유교 주의적 가족관과는 상반되는 것이며 이는 한국 가족구조의 위험수위를 의미하는 현상이다. 한국의 조출산율(15~49세의 가임여성 1인당 출산 수)을 보면 1970년 4.53명, 1980년 2.83명, 1990년 1.59명, 2000년 1.47명, 2002년에는 1.17명으로 세계최저 수준(한국 1.17, 일본 1.32, 미국 2.01, 프랑스 1.88, 호주 1.75, 이상 통계청 보도자료, 2004)이다. 저조한 출산율의 이유는 미혼여성에게 있어 54.5%가 '자신을 위해 투자할 시간을 확보해야' 한다는 것이며 이는 미혼자들의 결혼관과 직결되는 문제라고 할 수 있다. 기혼여성은 62.3%가 '육아교육비 부담이 커서', '아이 키우기가 힘들어서(15.2%)', 그리고 '자신을 위해 투자할 시간을 확보하기 위해서(13.2%)' 순으로 나타났다(《조선일보》 2005년 2월 18일 자, '아이 안 낳기' 한국, 미래가 없다, 함인희, 1993).

2004년도 통계청 자료에 의하면 조이혼율은 1970년 0.4%(조혼인율은 9.2%), 1980년 0.6%(조혼인율 10.6%), 1990년 1.1%(조혼인율 9.3%), 2000년 2.5%(조혼인율 7.0%), 2003년에는 3.5%(조혼인율 6.3%)로 나타났다. 혼인율은 감소하고 이혼율은 증가하고 있다. 2003년도 혼인건수는 30만 5천 건으로 2002년보다 0.6% 감소했지만, 이혼건수는 16만 7천 건으로 전년보다 15.0% 증가했다. 이처럼 가족의 해체위기(함인희, 2002; 장경섭, 1995)가 현실로 나타나는 현대 사회에서 한국 청소년들에게 가족공동체는 과연 어떻게 비치고 있을까? 앞으로 10~20년이 지나면 이들의 의식이 가족생활을 지배하는 시대가 올 것이고 이들의 가족관이 한국의 미래사회 구조의 초석이 될 것이기에 청소년들의 가족관의 중요성은 더욱 클 수밖에 없다(김기연·신수진·최혜경, 2003).

이 글은 청소년의 가족관에 관한 국제비교연구 중에서 한국 청소년에게 비친 가족공동체만을 소개하고자 한다. 고등학생과 대학생의 주 연령층인 17세부터 27세의 청소년을 논의의 대상으로 했으며 여학생은 515명, 남학생은 597명이다. 청소년의 가족관을 조사하기 위해 이 글이 설정한 조사의 범위는 주로 4개로, 가족의 의미와 부부관(결혼·이혼), 자녀관, 부부의 역할분담이다. 따라서 여기서는 이 4개 범위에 따라 연구 결과를 소개할 것이다.

2. 청소년들은 가족공동체를 어떻게 생각하는가?

가족구조 또는 가족공동체의 변화와 관련되는 한국 사회 구조의 일반적 변화양상에 대해 간략히 살펴보면 다음과 같다. 다양한 사회적 요인들에 의해 급격히 전개되고 있는 한국의 사회변동이 사회구성원들에게 주는 사회적 충격으로서의 가치관의 변화는 사회적 불신과 미래에 대한 불안으로 연결되면서 개개인의 일상에서 그 행태가 다양하게 표출되고 있다. 지난 반세기 사이에 한국사회에서 야기된 괄목할 만한 사회변동은 전통적 가족구조의 변화를 가속시켰을 뿐만 아니라 청소년들의 가치관 변화를 직접적으로 유도하는 데도 기폭제 역할을 했다(박민자, 2005; 임희섭, 1996). 그 대표적인 내용을 보면 다음과 같다.

첫째, 서구 사회가 2차 세계대전 이후 인간의 본능적 욕구를 충족하는 시기를 경험했듯이, 우리 사회는 1960~1970년대 가난의 시기를 보낸 이후 물질적 만족과 과소비를 지향하는 양상을 보이고 있다.

둘째, 잘못 이해되고 있고 또 이념적으로 전개된 한국의 민주화가 사회질서의 구조화 과정에 부정적인 영향을 주었다는 점을 들 수 있다. 예를 들어 의무를 권리로 착각한다든가, 가족구조가 여권의 신장으로 이념화된다든가 또는 부모와 자녀 간의 관계가 가부장적 종속관계가 되는 사회적 분위기의 확산을 지적할 수 있다.

셋째, 1990년대에 들어서면서 가족이 담당하던 교육과 자원공급의 역할이 복지제도의 확산과 고등교육의 일반화로 대체되는 가운데 가족제도의 기능은 약화하는 양상이 나타나고 있다.

넷째, 사회적 여과 없이 수용한, 문화이식에 의해 변화된 가치관은 드디어 한국의 역사성과 전통성을 거부하고 사회구성원의 사회적 관계를 돈독히 하는 집합주의를 서구의 개인주의로 대체시키고 있다는 것이다. 다시 말해 사회 구조적인 변화에 따라 가족중심의 생활과 가족구성원의 단결력을 강조하는 집합주의가 서구의 개인주의와 이기주의적 삶의 형태로 바뀌면서 '우리'라는 공동체 의식이 점차 상실되어가고 있지만, 물질주의적 가치가 모든 것을 우선하고 있다.

다섯째, 사회적 의무의 이행보다는 권리주장이 앞서고 남을 위한 배려보다는 자신의 이익을 중심으로 하는 사회적 분위기가 점차 확산하고 있다. 이러한 사회적 긴장은 구성원들이 정신적으로 여유 있게 살 가능성을 제공하지 못하고 불안하게 만든다.

여섯째, 아직도 부모와 자녀 간의 상호협조원리는 남아있지만, 일상생활형태의 세분화와 개인주의화가 증가하는 현실을 감안할 때 저출산 시대의 노부모 부양문제가 사회적 문제로 부각되고 있다.

1) 가족은 청소년에게 얼마나 큰 의미가 있을까?

이러한 사회변화 속에서 한국 청소년들의 가치관은 어떻게 변하고 있을까? 청소년들의 삶에서 가장 중요한 가치가 무엇인가에 대한 질문에, '좋은 친구가 있는 것'(91.4%)이 '가족 내의 행복'(90.7%)이나 '자기실현'(86.1%)보다 더 중요한 것으로 집계되었다. 청소년들에게 또래 또는 친구가 일상적 삶에서 중요한 가치를 지닌다는 것은 본 연구에서도 증명되었다. 그러나 청소년들은 이와 더불어 가족의 중요성 역시 인정하는 것으로 나타나고 있다. 높은 연령군인 대학생(89.3%)이나 직장인(90.9%)보다 낮은 연령군인 고등학생(94.5%)이 '가족 내의 행복'을 더 높게 평가하고 있다는 것은 한편으로 나이에 비례한 자립도의 향상과 다른 한편으로 나이에 비례한 의존도를 의미하는 것이라고 분석할 수 있다. 이러한 현상은 친구관계에서도 같게 나타난다. 즉, 나이가 어릴수록 좋은 친구에 더 큰 가치를 두고 있는 반면 나이가 많을수록 자기실현을 원하고 있다.

청소년들에게 각인된 가족이란 '부부와 적어도 한 자녀'(91.9%) 또는 '아이 없는 부부'(78.6%), 아니면 '편부모와 자녀'(77.0%)인 것으로 나타났다. 일반적으로 한국 청소년은 서구 청소년보다 가족을 규정짓는 가치관이 보수적임을 확인할 수 있다. 그 근거를 보면 동성 파트너에 대한 법적인 관계 인정에 대한 질문에 대해 '동성 파트너도 결혼할 수 있다'에 긍정적으로 응답한 한국 청소년이 17.4%, 독일 청소년은 34.6%였으며, '동성 파트너도 결혼할 수 있으며 양자를 기를 권리가 있다'에 긍정적으로 응답한 한국 청소년은 22.2%, 독일 청소년은 43.9%이다. 한국의 청소년은 39.6%가, 독일 청소년은 78.5%가 동성애에 대해 긍정적인 태도를 보이고 있음을 확인할 수도 있다. 물론 한국 청소년은 '동성 파트너의 결혼을 반대한다'는 입장이 45.5%로, 15.7%의 독일청소년에 비하면 아직 동성 파트너가 폭넓게 용인되고 있다고 보기는 어렵다. 혼전 동거자의 법적인 부부권리 부여에 대해서도 한국 청소년은 응답자의 34.5%가 '혼전 동거자도 법적인 부부권리를 부여받아야 한다'고 답해 51.2%인 독일 청소년에 비해 동거에 대한 긍정적 인식이 낮다. 이러한 점에서 봤을 때 한국의 청소년들이 가족을 탈 권위주의적이고 탈 가부장적인 관점에서 보는 경향은 점차 일반화되어가고 있다.

2) 청소년은 부부관계를 어떻게 바라보는가?

학교교육 기간의 연장과 여성의 사회적 활동 증가 등으로 결혼연령은 높아지고 심지어 독신주의를 추구하는 이들 또한 증가하는 추세이다. 이런 현실에서도 부부관에 대한 조사에서 청소년 대부분이 결혼과 부부는 '중요한 의미가 있는 제도'(84.9%)라고 응답한 데서 알 수 있듯이, 결혼의 중요성은 청소년에게 아주 높은 것으로 나타났다. 또한 '파트너를 사랑하고'(23.2%) '안정되게 살 수 있'(22.2%)다는 것이 결혼하는 가장 중요한 이유인 반면, 결혼에 대해 부정적인 가장 큰 이유는 결혼이 첫째로 '파트너 관계를 구속하기 때문'

표1 혼전 동거에 대한 견해

혼전동거에 대한 견해	성별		총계
	여성	남성	
바람직	36(7.0%)	75(12.6%)	111(10.0%)
반대	227(44.2%)	118(31.5%)	415(37.4%)
관계없음	251(48.8%)	334(55.9%)	585(52.7%)
총계	514(100.0%)	597(100.0%)	1111(100.0%)

x^2=23.072 df=2 p=.000

(6.7%)이며 둘째로는 '결혼을 통하여 확고한 관계를 맺고 싶지 않아서'(4.4%)였다.[1]

혼전동거에 대해서는 부정적이지만 '동거를 한다면 결혼을 전제로'(21.0%) 한다는 의견이 지배적이다. 혼전동거에 대한 성별 차이를 보면 남성(31.5%)보다는 여성(44.2%)의 반대 비율이 더 높았다. 남성보다 여성이 동거에 대해 더 보수적인 입장임을 확인할 수 있다. 이러한 여성의 보수적 태도는 아직도 한국 사회에서 여성의 '순결'이 중시되고 있음을 방증하는 것일 수 있지만, 사실 혼전동거나 더구나 자녀 출산과 같은 상황에서 여성이 져야 하는 개인적·사회적 부담이 남성보다 훨씬 크다는 데서 나온 결과로도 볼 수 있다.

연령별로 보면 17~19세 연령군에서는 반대가 41.1%, 20~24세 군에서는 37.6%, 25~27세 군에서는 26.8%로서 나이가 많을수록 동거에 대해 바람직하다고 생각하고 있었다. 이러한 차이는 혼전동거와 직업을 비교해보았을 때 확연히 드러나는데, 고교생은 43.4%, 대학생은 36.1%가 반대하는 것으로 나타난다.

부부간이나 파트너 간에 좋은 관계를 유지하기 위해 지켜야 할 가치로

1 이는 부부 또는 결혼이 얼마나 중요한지에 대한 질문으로, "부부란 현재나 미래에도 계속 중요한 의미가 있는지, 아니면 이제는 더 이상 중요하지 않은 제도"인지를 물었다.

는 다음과 같은 차이를 나타냈다. 즉, 결혼한 부부(파트너)의 경우 '상호 간의 감정적 신뢰'(67.2%)가 중요하며 결혼 없이 동거하는 파트너의 경우에는 상호 간의 감정적인 신뢰(48.5%)보다는 '상호 간의 성적인 신뢰'(68.2%, 부부는 39.7%)를 우선시했다. 그다음으로는 양자가 모두 '존경과 관용의 자세'(56.2% : 58.0%)를 꼽았다. 부부든 동거 파트너든 상호 간의 좋은 관계를 유지하는 또 다른 요인으로는 부부간의 성관계를 들 수 있는바, 이에 대한 청소년들의 견해는 성별에 따라 현격한 차이가 나타난다.

성관계가 '매우 중요하다'라는 관점에 대해 남성은 40.3%의 응답률을 보인 반면 여성은 28.6%에 불과했던 것이다. 한국의 남성은 여성보다 행복한 성관계에 더 많은 가치를 두고 있다. 이는 여성들에게 성적 정숙을 요구하는 우리 사회의 가치관을 반영하는 것이든가 아니면 여성들의 인위적 관심 전환에서 발생하는 의식변화라고 할 수 있다. 따라서 부부의 경우 감정적인 신뢰가 중시되는 것이라고 설명할 수 있고 파트너의 경우 성적인 신뢰가 중시되고 있다는 것은 가족관계가 아닌 단순 동거자, 다시 말해 부부관계가 아닌 파트너 관계일 뿐이며 '부부가 아닌 파트너란 육체적 관계가 우선시되는 부적절한 관계'라는 편견이 섞인 답변으로도 볼 수 있다. 청소년들의 이러한 진술은 부부와 파트너라는 개념에서 중요시되는 사회적 특징을 지적한 것일 수도 있지만, 청소년 자신이 생각하는 부부와 파트너 간의 차이를 의미하는 답변일 수도 있다.

부부와 동거 파트너의 대한 의식에서 큰 차이가 나는 다른 요인, 즉 '공동의 가사노동'에 대한 의식을 보자.

부부(36.2%)인 경우보다는 동거 파트너(46.9%)인 경우 이를 더 중시해야 하고 부부(40.1%)보다는 동거 파트너(48.2%) 간에 더 많은 '공동의 관심'을 기울여야 한다고 응답하고 있다. 가족해체의 가장 중요한 원인 중 하나인 이혼에 대해 청소년들은 "가능하면 서로 이해하고 용서하며 살겠지만 어쩔

표2 성별에 따른 청소년의 이혼관

이혼에 대한 견해	성별		총계
	여성	남성	
절대 반대	40(4.8%)	140(23.5%)	180(16.2%)
조건부 찬성	443(86.2%)	414(69.6%)	857(77.3%)
모르겠다	31(6.0%)	41(6.9%)	72(6.5%)
총계	514(100.0%)	595(100.0%)	1109(100.0%)

x^2=52.29 df=2 p=.000

수 없는 경우라도 감안해야 하지 않겠느냐?"라는 견해를 보인다.

〈표2〉에서 보는 바와 같이 '이혼은 절대 반대'라는 보수주의적인 입장은 16.2%에 불과하지만, '이유가 있다면 이혼을 하는 것이 가능'이라는 견해는 77.3%로 나타나, 청소년들의 이혼에 대한 가치가 점차 서구와 유사한 방향으로 바뀌고 있음을 확인할 수 있었다. 이혼관에 대한 성별의 차이를 보면 여성(7.8%)의 3배가 되는 남성(23.5%)은 이혼을 반대하고 있지만, 여성(86.2%)은 남성(69.6%)에 비해 조건부로 찬성하는 비율이 높게 나타났다. 그 이유는 우리 사회에서 남성보다 여성이 더 많은 차별을 받아왔기 때문이다. 가부장적 가족제도하에서 여성들의 자유는 어느 정도 구속되었고 결혼은 여성의 사회적 활동에 부정적인 영향을 주었다. 또 다른 것은 매스미디어의 영향으로 이혼녀에 대한 부정적인 인식이 많이 둔화하고 있기 때문이다. 다원화된 오늘의 사회에서 참고 사는 것보다 각자의 인생을 구가하는 것이 자신에게 더 이롭다는 의식이 높아지면서 여성들이 적극적으로 이혼을 선택하는 것 같다. 이혼의 이유에 대한 분석에서 나타난 사실은, 여자 청소년의 경우 남편의 물리적 폭력(69%)은 절대 용납될 수 없는 것으로 나타난 바, 폭력은 여자 청소년이 남자 청소년(50%)에 비해 더 중요한 이혼사유로 제시하고 있다. 부부폭력의 가해자가 남성인 경우가 대부분이라는 점을 감안할 때, 이는 폭력의 가해자인 경우가 보통인 남자가 피해당사자에게

나타나는 부부폭력의 심각성을 인지하지 못하는 것이라고 설명할 수 있다. 혼외부정이 있더라도 이혼은 반대해야 한다는 입장을 고수하는 측은 여성(13.5%)보다 남성(29.8%)이 2배나 더 많지만, 반드시 이혼을 하겠다는 입장은 오히려 여성(36.1%)이 남성(30.5%)에 비해 더 높게 나타났다.

여성은 대체로 이유가 있다면 이혼이 합리적이라고 생각하는 경향이 있었다. 이처럼 여성은 이혼에 대해 전반적으로 긍정적인 태도를 띠면서도 자녀가 피해를 받는 경우에 한해서만큼은 남성보다 더 높은 반대 의사를 보이고 있다.

3) 청소년들은 자라서 어떤 부모가 되려 하는가?

청소년 응답자의 73.6%가 자녀를 갖기를 희망하고 있으며 그들이 원하는 자녀의 수는 최소한 2명(43.4%) 아니면 3명(16.7%)으로 나타났다. 자녀가 있어야 하는 가장 큰 이유는 '자녀를 통해 삶의 의미를 가질 수 있기 때문'(45.2%)이며 '자녀를 통해 자신의 삶을 성숙시킬 수 있고'(28.9%), '자녀가 있으면 부부가 행복할 수 있기 때문'(24.6%)이다. 어쩔 수 없는 경우(74.2%)를 제외하고 낙태는 반대(24.9%) 하고 있다. 자녀의 유무와 남녀의 행복관계에서 '자녀가 있는 남자가(46.1%) 여자(45.9%)보다 더 행복하다.'라고 하는 것이 그들의 자녀관이다.

남녀 모두 자녀는 미래에 있어 중요하다고 한다. 그러나 여성보다는 남성이 자녀에 대해 큰 가치를 두고 있다. 자녀 유무와 남녀 행복도의 관계 여부를 알아본 결과 '자녀가 있는 여성이 더 행복하다.'라는 관점에 대해 여성 자신(40.2%)보다는 남성(50.9%)이 더 높게 나타났다. 또한 '자녀가 있는 남성이 더 행복하다.'라는 관점도 역시 남성(51.5%)이 여성(40.2%)보다 더 높은 것으로 나타났다. 전체적으로 자녀의 유무에 따른 개인의 행복 정도에 대한 분석을 통해 여성보다 남성에게 자녀가 더 중요한 가치관으로 부각된다는 사실은 확인할 수 있었다. 반면 행복은 자녀와 무관하다는 견해에 대해서는 남성보다는 여성에게서 더 높게 나타난바, 이는 여성이 남성보다 자녀에게 있어 자유롭고 개방적인 가치관을 가졌다고 해석할 수 있다. 자녀를 원하지 않는 응답자(9.7%)와 확신이 없어 모르겠다(16.3%)는 응답자를 합하면 무려 26.0%가 된다. 자녀를 원하지 않는 이유에 대한 답변 문항 중 3개까지 중복응답을 허용한 결과 가장 높은 빈도를 보인 답변은 '아이들은 많은 시간과 노력이 필요하기 때문'이었다. 전체 50.5%의 청소년이 선택한 이 답변에 대한 남녀 성차가 존재했는데, 여성의 56.7%가 '그렇다'고 답한 데 반해 남성은 42.6%만이 '그렇다'고 응답했다.

성별에서 나타나는 약 14.1%의 차이는 자녀양육에 대한 의무가 여성의 것이라는 가치관을 드러내는 것이라고 본다. 이는 '내 직업 활동에 제한이 있을 것 같아서'라는 답변에 대한 응답과 비교해볼 수 있다. 모두 39.3%의 청소년이 직업 활동의 제한을 이유로 자녀 갖기를 거부했는데 성별로 나누어 분석한 결과 여성은 43.3%가, 남성은 34.0%가 '그렇다'고 답변을 했다. 즉, 여성은 자녀가 직업 활동의 더 큰 장애요인이 된다고 생각하는 것이다. 여성청소년은 자녀를 가진다는 것은 시간과 노력이 많이 들고 사회활동에 장애요인이 되기 때문이라는 응답이 더 많다. 이는 청소년들도 한국 사회의 직장 여성들이 경험하는 사회적 장벽을 인식하고 있음을 의미한다.

자녀를 원하지 않는 또 다른 이유 중 '아이들 양육에 많은 돈이 필요하기 때문'을 선택한 응답자는 전체의 39.3%였다. 이에 대한 성별의 차이를 보면 여성은 36.7%, 남성은 42.6%가 '그렇다'라고 응답했다. 자녀 양육에 대한 육체적·정신적 부담은 여성이, 재정적 부담은 남성이 느끼고 있다는 점을 엿볼 수 있으며, 남성이 가장으로서 가정의 재정적 책임을 져야 한다는 의식은 아직도 많은 청소년에게 있는 것으로 보인다. 청소년의 이러한 응답은 2003년 여성부가 발표한 『전국가족조사 및 한국 가족보고서』에서 제시한 청소년의 자녀양육 비용에 대한 가치관과도 일치한다.

결국, 출산율 저하의 가장 큰 원인은 자녀교육비와 여성의 의식변화에 있다. 경제협력개발기구OECD가 발표한 2001년 기준 한국의 교육비 지출은 GDP대비 8.2%로 세계에서 가장 높다. 특히 사교육비 지출은 3.4%로 이 또한 세계 1위를 차지하고 있다. 세계에서 출산율이 가장 낮았던 프랑스(1992년 1.73명)의 출산율은 2002년도에 1.89명으로 증가하고 있다. 그러나 우리나라의 출산율은 1992년의 1.78명에서 1.17명으로 감소하고 있다. 출산율의 감소는 성장 잠재력을 약화시켜 국가발전의 부정적인 영향을 준다는 사실을 감안할 때 새로운 인구정책수립이 시급히 요구되는 것이다(조선일보 2005년 5월 26일 자, 출산율저하원인). 서구청소년의 독립적이고 자립적인 가치관(Scholz, 2002)과 대조적으로 한국청소년들은 자신의 대학교육비용이나 결혼비용 등을 부모에게 의존하고 있다. 대학교육비는 부모가 전적으로 또는 일부 책임져야 한다고 응답한 청소년이 90%를 넘고 있고, 학원비도 부분적이나마 부모의 책임이라고 응답한 비율이 50%를 넘고 있다. 대학이나 대학원 교육비는 부모가 전적으로 책임져야 한다는 비율이 남자가 여자보다 높게 나타났지만, 일부 책임은 여자가 남자보다 높게 나타났다.

결혼비용에 대해서는 남성보다 여성이, 자녀의 집 마련은 여성보다 남성이 더 많이 부모에게 의존하고 있다. 따라서 부모는 자녀의 경제적 압박을 어쩔 수 없이 크게 느끼게 되는 것이 한국적인 현실이다. 자녀양육비와 교육비에 대한 부모의 부담이 크다는 것을 이해하는 청소년들은 자녀의 양육비를 자립적으로 해결하려는 방법의 하나로 자녀를 갖지 않으려는 의식의 선택은 사회적인 문제가 되는 것이다. 동시에 가정적으로는 부모의 자녀에 대한 의무만 강조하고 부모에 대한 자녀의 책임은 부재한 한국사회의 제도적인 모순을 더욱 심화시키게 되는 면이 있다.

여성은 낙태에 대해 20%가 무조건 반대한 반면, 남성은 29%로 여성보다

강하게 반대하고 있다. 아마도 이 응답은 남성이 여성보다 생명을 더 존중한다는 의미와는 무관하며 한국적 상황에서 미혼모는 있지만 미혼부는 극히 드물다는 상황을 참작할 필요가 있다. 한국사회에서 '원치 않는 아이'가 여성에게 주는 부담이 어떤 것인지에 대해 먼저 생각해볼 필요가 있는 문제라고 생각한다. 따라서 강간, 질병이나 경제적 상황 앞에서 남성보다 여성이 낙태에 대해 긍정적인 답변을 하고 있다.

낙태에 대한 여성의 견해는 모성을 기대한 것과 사뭇 달랐다. 하지만 이는 자녀 양육이 현대 사회에서는 여성의 필수적인 요건이며 그를 뒷받침할 사회적 제도가 있다기보다 '짐'으로 여겨지기 때문이다. 여성은 육아와 출산 대부분을 책임지기 때문에 태아를 자기 몸의 일부분 또는 경우에 따라 제거할 수 있는 것이라 생각하는 가치관이 확산하는 것은 불행한 일이지만 대부분은 여성의 책임이 중시되는 사회이기 때문에 그만큼 더 낙태에 긍정적인 답변이 나오고 있지 않나 생각한다.

4) 청소년들은 가족 내 남성과 여성의 역할을 어떻게 보는가?

부부에 대한 전통적인 역할 기대는 변하고 있고 성별 역할은 점차 평등을 지향하고 있다(이동원·이근후·박영숙, 1990; Nave-Herz, 1999; Beck-Gernsheim, 1990).

응답자 대부분이 맞벌이 부부와 성 구분없는 가사분담을 원하고 있다(62.4%). "좋은 조건의 남자를 만나 평생 대감님 모시는 삼월이로 살기보다 조건은 만족스럽지 않더라도 삼돌이를 만나 일생 마님으로 지내겠어요(《조선일보》 2005년 5월 9일 자)"라고 하는 데서 알 수 있듯이, 여성의 가정생활관이 바뀌고 있지만, 아직도 공동 가사노동의 중요성에 대한 남성의 인지도는 여성보다 낮은 수준이다. 아직도 집안일(세탁, 시장보기, 육아, 음식 만들기, 집안청소 등)은 부인의 몫이고 집 밖의 일은 남편의 몫이라는 견해의 충돌은 앞으로 한국 가족이 해결해야 할 문제 중 하나인 것 같다. 특히 여성들이 성역할 분담을 위해 기대하는 배우자 관을 보면 '백마 탄 왕자'(높은 연봉, 좋은 집안)보다 '삼돌이 형'(가사를 분담하고 친근한 머슴 형)이 좋다고 하고 있으며, 남자는 설사 '셔터맨(가게 문 여닫는 일만 하는 남편)을 하더라도' 용모는 떨어지는 대신 돈 많고 능력 있는 배우자를 원하고 있다.

가사노동을 중시하는 정도도 성별로 달랐다. 일반적으로 여성이 남성보다 훨씬 더 공동의 가사노동을 중시하는 것으로 나타났다. 물론 응답자 대부분이 공동의 가사노동을 중시하고는 있지만, 인식차이가 상당할 때 공동의 가사노동 문제가 부부간 갈등유발 요인 중 하나임을 짐작할 수 있다.

남성(28.0%)보다 여성(45.9%)이 공동의 가사노동을 더 중시한다는 점은 남녀가 모두 동등하게 가사노동을 해야 한다는 요구로 분석할 수 있는데, 이는 여성에게 더 큰 짐이 될 수도 있다. 여성취업에 대한 견해를 중시하는 경향은 남성보다 여성이 높았다. 여성 청소년들은 자신의 취업에 대해 비교적 깊이 인식하고 있고 이에 대한 결혼상대의 동의를 중시하는 것으로 보인다. 여성이 자신의 취업이나 사회생활과 결혼의 양립을 중요한 가치 중 하나로 여기는 데 비해, 남성 청소년들은 여성취업에 대해 낮은 인식을 보이는 것으로 해석할 수 있다(이현송, 1996; 방하남, 1996; 조혜선, 2002; 이주희, 2003). 통계청의 2004년도 청소년통계에서 발표한 청소년들의 사회적 특성과 우리의 연구를 비교하면 한국 청소년들의 중요한 생활관심사는 17~19세 무렵에는 '학업/진학'이고 20~24세 무렵에는 '돈(경제)인 것으로 나타났다. 그리고 그들의 대표적인 고민은 학업(공부)이라는 것이다. 청소년들이 어려움이 있을 때 상담하는 대상으로는 부모도, 선생도 아닌 친구를 택했는데 가족(부모, 형제, 자매)과의 만족도는 1998년(59.7%)에 비해 2002년도(67.8%)에는 높게 나타났다. 20~24세 청소년 중 남자 78.1%, 여자 55.1%가 결혼에 찬성했으며 결혼이 선택이라고 생각하는 비율은 남자가 20.0%, 여자가 남자의 2배가 넘는 40.9%로 나타났다. 청소년(17~19세, 20~24세)의 가사분담에 대한 견해는 '공평하게 분담'이 각각 64.6%, 56.3%로 15세 이상 인구 전체의 30.7%보다 높았고 나이가 어릴수록 비율이 높은 것으로 나타났다. 앞에서 언급한 것처럼, 성별 역할분담에 대한 기대감과 일상생활 간의 차이는 장래 한국 가족의 가장 큰 갈등요소 중 하나가 될 것으로 짐작된다.

3. 결론

산업화과정을 거치면서 한국의 가족은 확대가족에서 소가족(핵가족)으로 변했고 출산율 저하, 늦어지는 결혼연령, 독신자와 노령인구의 증가 등으로 한국 가족의 새로운 변화의 축이 형성되고 있다. 그뿐만 아니라 집합주의적 가족구조와 개인주의적 가족구조 이데올로기가 중첩되어 가족의 일상을 지배하는 가치 공유가 실현되지 못하고 있다. 한국인의 50대 후반과 60대는 빈곤타파가, 그리고 40대와 50대 초반은 민주화 정착이 그들의 확실한 사회적 삶의 목표였으나 오늘의 20대 전후세대의 사회적 삶의 목표는 너무나 다양한 것 같다. 연구결과를 요약하면 다음과 같다.

- 청소년들에게 각인된 가족은 '부부와 적어도 한 자녀'(91.9%), 또는 '아이 없는 부부'(78.6%) 아니면 '한 부모와 자녀'(77.0%)이다. 청소년들의 삶에서 가장 중요한 가치 중 1위는 '좋은 친구'(91.4%)이며 '가족 내의 행복'(90.7%) 그리고 '자기실현'(86.1%) 순으로 나타났다.
- 현대사회에서 가족의 의미는 증대(33.4%)되기보다 점차 약해지는(36.4%) 것으로 보고 있으며 성별 상의 큰 차이는 없지만 남성(35.7%)보다 여성(37.3%)의 경우 더 크게 나타나고 있다.

- 결혼과 부부는 '중요한 의미가 있는 제도'(84.9%)라고 말하고 있다. 그리고 결혼을 하는 이유는 '파트너를 사랑하고'(23.2%), '안정되게 살 수 있기 때문'(22.2%)이다. 결혼 전 동거에 대한 견해는 부정적이나 동거를 한다면 결혼을 전제로(21.0%) 한다는 의견이 지배적이다. 혼전동거에 대한 성별 차이를 보면 남성(31.4%)보다는 여성(44.1%)의 반대 비율이 더 높은데 남성보다 여성이 동거에 대해 더 보수적인 태도를 견지하고 있음을 확인할 수 있다. 부부간 또는 파트너 간에 좋은 관계를 유지하기 위해 지켜야 할 가치로는 결혼한 부부에게는 '상호 간 감정적인 신뢰'(67.2%)가 중요하다는 것이며 결혼하지 않은 파트너와 동거하는 경우에는 '상호 간 감정적인 신뢰'(48.5%)보다는 '상호간 성적인 신뢰'(68.2%, 부부는 39.7%)를 우선시하고 있다.
- 부부와 동거 파트너의 대한 의식에서 큰 차이가 나는 다른 요인, 즉 '공동의 가사노동'에 대한 의식을 보면 부부(36.2%)보다는 동거 파트너(46.9%)의 경우 이를 더 중시해야 하고 부부(40.1%)보다는 동거 파트너(48.2%) 간에는 더 많은 공동의 관심을 기울여야 한다고 응답하고 있다.
- 이혼관에 대한 성별의 차이를 보면 여성(7.8%)의 3배가 넘는 남성(23.5%)은 이혼을 반대하고 있지만, 여성(86.2%)은 남성(69.6%)에 비해 조건부로 찬성하는 비율이 높게 나타났다. 남성보다 여성들이 조건부 이혼을 더 많이 주장하는 이유를 보면 남성들의 물리적 폭력(59.1%), 혼외부정(32.9%), 약물중독(26.2%) 등이다. 혼외부정이 있더라도 이혼은 반대해야 한다는 입장을 고수하는 측은 여성(13.5%)보다 남성(29.8%)이 2배나 더 많다. 그러나 이럴 때 이혼을 한다는 강경한 태도를 고수하는 측은 여성(36.1%)이다(남성은 30.5%). 혼외부정에 대한 남녀의 부정적 인식은 거의 비슷하게 나타났다.
- 청소년응답자의 73.6%가 자녀 낳기를 희망하고 있으며 그들이 원하는 자

녀의 수는 최소한 2명(43.4%) 아니면 3명(16.7%)으로 나타났다. 자녀가 있어야 하는 가장 큰 이유로는 '자녀를 통해 삶의 의미를 가질 수 있기 때문'(45.2%)이며 '자녀를 통해 자신의 삶을 성숙시킬 수 있고'(28.9%), '자녀가 있으면 부부가 행복할 수 있기 때문'(24.6%)이라는 점을 들었다.

- 성별과 자녀 유무에 따른 남녀의 행복도는 상관관계가 있으며 여성보다 남성에게 자녀가 더 중요하다는 가치관을 확인할 수 있다. 자녀를 원치 않는 경우 성별의 차이를 보면 여성에게는 '아이들은 많은 시간과 노력이 필요하기 때문'이라고 하지만, 남성에게는 '아이들 육성에 많은 돈이 필요하기 때문'이라고 한다. 여성들로서는 사회적 활동을 위한 신체적 구속을 원하지 않고 있고 남성은 경제적 부담을 지적하는 것이라고 본다.
- 청소년들은 맞벌이 부부와 성 구분없는 가사분담을 원하고 있다. 여성이 남성보다 훨씬 더 공동의 가사노동을 중시하는 것으로 나타났다. 여성 취업에 대한 견해를 중시하는 경향은 남성보다 여성이 높았다.

이 글은 장래에 대한민국 사회의 주역으로 성장할 청소년이 가족공동체에 대해 가지는 다양한 생각을 통해 가족공동체의 숨겨진 측면을 밝혔다는 데 그 의미가 있다. 청소년 시기는 유년기를 지나 본격적인 사회화가 진행되는 기간이다. 따라서 행동과 판단의 준거가 가족공동체에서 동료집단으로 바뀌기 시작하며 이 시기에 형성하는 가족공동체에 대한 가치관과 생각은 앞으로 성인기에까지 영향을 미칠 수 있기 때문에 올바른 가족 가치관의 형성은 무엇보다 중요하다. 청소년이 가족공동체에 대해 가지는 가치관과 생각들은 개인적인 경험이나 특성과 깊은 관련을 맺고 있지만 동시에 청소년들의 삶을 형성하는 다양한 사회 구조적, 문화적 환경의 결과이기도 하다. 따라서 결론을 대신하여 청소년들의 가족관 변화에 영향을 주는 일반적 요인 중 대표적인 것을 제시하면서 글을 마치려 한다.

- 사회의 다원화는 가족의 기능을 세분화시키고 있다. 즉, 가족적 생활영역은 직업적 생활영역으로 대체되고 있고, 학교제도는 가정교육을 대신하고 있다. 공동체적 사회관계는 가족에서뿐만 아니라 직장이나 지역사회 또는 활동단체에서도 형성된다. 이 때문에 가족의 기능과 가족의 영향은 약해지고 있고 가족의 연대감인 '우리 의식' 또한 약해지고 있다.
- 가족사회학에서 거론되는 '소가족(핵가족)의 일반화'가 한국 가족에서도 예외는 아니다. 산업화와 도시화 과정, 그리고 사회의 기능적 세분화 과정은 1960년대 이후 한국 가족의 형태를 소가족(핵가족)으로 변화시켜 왔다. (진정한 의미의 서구의 핵가족 개념은 아직 한국에는 일반화되어 있지 않아 소가족이라는 개념을 사용하는 것이 타당하다.)
- 개선된 산아제한 방법과 증가한 여성의 사회적 진출은 성역할분담을 크게 변화시키고 있고 이는 성에 대한 전통적인 역할기대의 해체원인이 되고 있다. 변화가 요구되고 있는 이러한 역할기대와 역할분담은 부부간의 갈등의 원인이 될 수 있으며 가족위기의 직접적인 기폭제가 될 수 있다.
- 부모와 자녀 간의 상호협조 원리는 남아있지만, 일상생활 형태의 세분화와 개인주의화가 증가하는 현실을 고려할 때 부부의 관계나 부모와 자녀 간의 관계에서 권위적 구조나 위계질서가 해체되고 있다. 전통적 가정에서의 가부장적 권위는 약화하여 자녀의 독자성 지향이나 자녀위주의 생활로 변하고 있다.

제2장

여성의 삶의 질과 가사노동*

이창순

1. 들어가며

결혼은 점점 더 부부 개인의 선택에 따라 결정되는 유동적인 영역이 되고 있다. 기든스(Giddens, 1996)는 현대사회의 결혼, 부부관계의 주요 변화를 순수한 관계의 확산이라고 보았다. 순수한 관계란 관계 자체의 내적인 속성에 따라 형성되고 지속하는 관계로서 순수한 관계로서의 부부관계는 성적으로 정서적으로 대등한 관계를 요구한다. 현대사회에서 친족 혈연관계라는 집단적 힘으로 다소 강제적으로 유지되던 부부관계가 점차 엷어지고 친밀성과 애정에 기초한 관계가 중요해지고 있는 것이다(Giddens, 1996; Beck, 1990). 순수한 관계의 확산은 기존의 성 불평등의 가부장적 권력관계에 대하여 폭발력을 지닌다. 이제 중요한 것은 결혼에 이르기까지의 과정이 아니라 결혼 후 부부관계의 유지이다. 이러한 부부관계의 유지에는 결혼만족이라는 관계의 질이 점점 더 관건이 되고 있다.

* 이 장은 『현대사회연구』 3호(2006)에 실렸던 「가사노동의 여성복지적 고찰」을 수정보완한 것이다.

우리 사회 여성들의 결혼생활 만족도와 복지에 크게 영향을 미치는 요소 중의 하나가 가사노동이다. 가사노동과 보살핌 노동은 결혼, 부부관계, 가족구조의 변화라는 맥락에서 성별 인식차가 잠재적으로 가장 첨예한 부분이다. 사회노령화와 저출산, 여성취업의 증가, 핵가족화 등으로 전통적인 가족구조의 변화가 나타나고 가족 내 부양기반이 크게 약화하고 있다. 가족 내 가용인구가 줄어드는 데 비해 이를 지원하는 복지체계의 미비로 여성의 가정 내 보살핌 노동과 수발의 부담은 커지고 있다. 이러한 부담은 여성들의 사회활동 및 취업의 큰 장애요인일 뿐 아니라 최근 이혼 등 부부갈등의 주요 원인이 되고 있기도 하다.

이 장에서는 여성취업이 증가하고 전통적인 가족부양구조가 약화하고 있는 현실에서 여성복지의 측면에서 보이는 가사노동의 성 불평등성을 고찰하고 바람직한 부부관계에 대한 사회적 관심을 도모하고 있다. 관련 연구들과 최근의 통계자료를 토대로 가족보호와 보살핌일 등의 가사노동에서의 성 불평등 현황을 살펴보고, 세계적으로 가족복지지원체계가 잘 갖추어지고 최고 수준의 여성경제활동참여율을 보이는 스웨덴의 경험에서 함의점을 살펴보고 있다. 스웨덴은 여성의 일상생활과 가정, 노동, 복지제도의 복합적인 관계에 대한 일차적인 연구가 많이 축적돼 있다는 점에서 우리 사회 변화를 이해하고 우리가 나아가야 할 방향을 설정하는 데 도움이 될 것이다.

따라서 이 글의 핵심논의는 우리 사회에서 가정과 취업의 이중부담을 여성이 떠맡는 과정에서 증폭된 갈등을 줄이고 여성의 실질적 지위향상을 위한 대안이 무엇인지 스웨덴의 가족복지체계를 통해 논의해보자는 것이다. 최근 우리 사회의 노인보호, 무상보육 등 가족복지의 큰 틀이 세워지는 전환기에서 스웨덴 사례는 우리의 가족복지 정책이 나아가야 할 방향을 설정하는 데 상당한 시사점을 줄 수 있을 것으로 기대된다.

다음 절에서는 스웨덴의 가족복지정책, 여성취업증가, 그리고 여성의 이중부담 고착을 살펴보고 있다. 그리고 3절에서는 가사노동의 성 불평등에 대한 기존 연구문헌을 살펴보고, 공식통계자료를 토대로 우리 사회의 가사노동에서의 성 불평등, 취업 여성의 삶의 질 등을 살펴본다. 마지막으로 이러한 성 불평등이 빠르게 변화하는 우리 사회의 결혼, 출산 가족가치의 변화라는 맥락에서 던질 수 있는 쟁점으로 논의를 맺기로 한다.

2. 스웨덴의 가족복지정책과 여성의 일과 가정의 이중부담

20세기 복지국가 수립과정에서 스웨덴의 여성·가족관련 복지정책은 모성 활동의 주체로서의 여성과 독립된 노동자로서의 여성이라는 두 개의 축 사이에서 유동했다(Lewis and Astrom, 1989: 64). 1970년대 이래 여성복지는 여성의 모성 활동에 대한 지원에서 노동시장에서의 지위에 대한 혜택으로 전환하는데 여성취업을 지원하는 보육서비스가 크게 확대되고 양성평등의 노동권이 강조되는 방향으로의 전개이다.[1]

스웨덴의 여성 취업은 세계 어느 나라보다 빠르게 증가하여 오늘날 스웨덴의 여성 취업은 거의 완료 단계에 있다. 맞벌이 가정은 보편적이며 경제활동 참여에서 남녀 간에 거의 차이가 없다. 이러한 여성 취업의 증가가 가능해진 가장 중요한 요인은 양육과 재생산의 부담과 책임이 사적 영역으로부터 공적 영역으로 빠르게 이전되었기 때문으로 설명된다(Borchorst and Siim, 1989: 123).

우선 스웨덴에서 여성취업의 급격한 증가가 이뤄지게 된 중요한 사회환경

1 여성은 1955년부터 자녀의 출산과 관련하여 부모출산휴가를 받게 되었는데 1974년부터는 부모출산휴가가 남성에게도 동등하게 적용되게 되었다. 나아가 2008년부터는 양성평등보너스 제도가 도입되어 부부가 동등하게 출산휴가를 하도록 장려하는 좀더 적극적인 양성평등 정책으로 나갔다(김현숙, 2012).

과 계기는 전후 1950~60년대 산업발전에 따른 노동력의 부족과 가족관련 복지서비스의 지속적인 확대이다(Lewis and Astrom, 1989: 67~69). 아동보육 및 탁아, 병간호 및 노인부양 같은 가족부양기능의 공적 서비스와 프로그램의 확대는 두 가지 측면에서 여성취업에 직접적인 영향을 미쳤다. 첫째, 공적 보육서비스의 확대로 여성의 자녀양육 부담이 크게 줄어 취업이 쉬워지게 되었다. 둘째로는 가족복지서비스와 같은 사회서비스프로그램이 확대되면서 보살핌과 공공부양산업이 크게 성장하고 이 분야에서 여성 진출이 쉬운 다양한 일들이 생겨난 것이다.

이와 함께 여성의 모성지위보다는 노동자로서의 지위에서 사회복지 수혜자격이 좀더 유리하도록 한 사회복지 및 세제정책의 변화도 여성취업이 늘게 되는 요인이 됐다. 즉, 1971년 부부 분리과세제의 도입과 높은 수준의 한계소득세율 적용으로 남편의 초과노동을 통한 초과수입보다 여성이 독립적으로 직업을 갖는 것이 가계소득에서 유리해지게 된 것이다. 또한, 1974년에 도입된 부모 보험제도는 출산급여를 기존의 정액제에서 소득탈루분의 보전방식으로 전환했다. 그리하여 미취업 여성이 받는 출산급여가 낮은 수준의 정액제인 데 비해, 취업여성은 누락소득 보전이라는 상대적으로 높은 수준에서 책정되었다.[2] 요컨대 사회·복지정책 전반에 걸쳐 여성이 쉬는 일 없이 직업을 갖는 것이 가정경제 측면에서 유리하게 된 것이다.

가족복지 서비스의 확장으로 기혼여성의 취업이 수월해지면서 스웨덴의 전업주부 수는 급격히 줄어들었다. 기혼여성의 취업증가로 결혼과 취업의 양립을 당연한 것으로 받아들이는 사회인식이 확고하게 자리 잡고 취업이 전 연령층 여성에 확대됐다(Borchorst and Siim, 1989: 126). 스웨덴의 25세

2 취업 여성은 출산 후 첫 12개월간은 그가 받던 소득의 90%에 해당하는 출산급여를 산후 12개월까지 받고, 그 후로도 모든 여성과 같이 적용되는 정액 출산급여를 3개월간 받을 수 있게 됐다.

이상 54세까지 여성의 취업률은 80% 이상에 이르고 있으며 이 비율은 같은 연령층의 남성과 거의 차이가 나지 않는다. 특히 7세 이하의 자녀를 둔 여성도 80% 이상이 취업하고 있는데, 이것은 세계적으로 가장 높은 수준이다.

여성취업을 지원하는 가족복지 서비스의 확대에 힘입어 세계 최고의 여성취업률이라는 성과를 달성했음에도 스웨덴의 경험은 여성복지 측면에서 보았을 때 딜레마를 안고 있다. 남성과 마찬가지로 여성 취업이 일반화되어 있는 현실에도 기존의 가정 내 가부장적 성별분업의 근본적인 틀은 크게 바뀌지 않으면서 오히려 일과 가정에서의 여성의 이중부담이 고착되는 문제가 있는 것이다.

환자나 노인 보호, 자녀양육 부문에서 공공사회 서비스가 꾸준히 확대됐지만, 각 가정에서 수행해야 하는 보살핌 일들은 여전히 남아 있으며 이러한 개인적인 보살핌은 거의 전적으로 여성들의 몫이 되어 있는 것이다. 즉, 보육, 환자수발 등 다양한 보살핌 일들이 공적 차원에서 충족되지 못하여 가정에서의 담당해야 하는 보살핌 일은 여전히 남아 있고 여성들이 이러한 일들을 계속 도맡아야 했던 것이다(Balbo, 1989: 37~62). 이 결과 스웨덴은 다른 어느 때보다도 여성들이 공·사 양 영역에서의 이중부담이 고착되는 문제를 안게 되었다.

일과 가정의 이중부담으로 여성이 남성과 달리 일하면서도 가정에서의 가사와 가족 보살핌 일의 주 책임자라는 것은 여성이 선택할 수 있는 취업의 질과 형태에 상당한 제약을 가하게 되었다. 여성들의 취업은 가족 시간에 의해 영향을 받아 이들의 하루는 가족의 필요와 양립 가능한 유연성이 필요하다. 이러한 이유로 가족지원을 위한 여러 공적프로그램의 확장에도 여성들은 여전히 전일제가 아닌 시간제 취업에 집중되어 있으며 직종과 직급에서 남성과는 큰 격차를 있는 것이다.

흔히 시간제 취업의 기회는 가정에서 모성 활동을 수행할 수 있는 유연성을 제공하여 노동시장에 참여하고자 하는 여성들에게 바람직한 선택으로 인식된다. 그러나 시간제 일이 주로 여성의 일이고 노동시장의 최하위에 놓여 있다는 것은 고용관계에서 과거로부터의 성 분리가 여전히 지속할 것임을 의미한다. 스웨덴 여성의 취업 형태와 기회가 가사부담에 여전히 제약을 받으면서, 높은 취업률에도 여성의 사회경제적 지위는 그에 따르는 만큼 개선되지 못했다. 스웨덴은 과거 거의 반세기 이상 여성 취업이 지속적으로 증가했음에도 불구하고 이에 상응하여 여성의 실질적인 사회경제적 지위향상으로 이어졌는가에 대하여는 유보적인 이유이다.

스웨덴 사회는 여성들에게 전통적인 모성의 역할과 동시에 취업을 성공적으로 '제도화'시켜온 반면 남성으로부터는 제도적으로나 문화적으로나 그에 상응하는 가정 내 역할분담을 충분히 끌어내지 못하면서 또 다른 성 불평등성을 일으키게 되었다. 남성들에게는 가사노동이 선택이지만, 여성에게는 여전히 필수로 부과되고 있는 것이다. 일과 가정을 둘러싼 여성의 역할은 크게 변화해 왔는데도 남성들은 전통적 역할을 고수하는 상황에서 성 불평등이 여전히 지속하고 있는 탓이다.

스웨덴의 경험은 여성취업을 지원하는 다양한 가족복지 서비스에 힘입어 여성취업률이 남성과 거의 같은 수준에 이르고 있음에도 그 내용과 양상에서 여성의 처지를 실질적으로 개선하는 데는 한계가 있을 수 있음을 드러낸다. 무엇보다도 여성의 경제활동참여가 당연히 기대됨과 동시에 전통적인 모성 역할도 당연한 것으로 기대되고 있어 오히려 다른 어느 사회에서보다도 일과 가정에서의 여성의 이중역할이 고착되고 있다.

더군다나 스웨덴 사회에서는 1980년대 이래 조세감축, 복지 긴축 압박이 사회적 여론에 힘입어 커지면서 국가가 담당해온 서비스의 가족 지역사회로의 복귀가 추진되었다. 지역사회보호는 표면적으로는 성 중립적인 듯 보이지만 실상 가족들을 위한 여성들 무급노동의 완곡한 표현으로 다름 아닌 가족의 보호란 명분 아래 실질적으로는 여성의 전적인 노력에 의한 보살핌에 대한 기대가 깔린 것이다. 여성은 가족에게 기대되는 사적 보호의 주된 제공자로서 보호받아야 할 노령인구나 아동에 대한 정부의 역할 감축은 직접적으로 가정에서의 여성의 가사노동을 늘리는 방향으로 이어지는 결과를 낳게 된 것이다(Woodward, 2000: 98).

스웨덴의 가족복지정책은 여성의 경제활동참여를 늘리려고 가족생활을 지원하는 프로그램을 계속 확대시켜왔으며 여성의 경제참여를 증대시키고 여성에게 삶의 새로운 방식을 가능케 했다. 그러나 역설적이게도 바로 그 프로그램으로 또 다른 성 불평등이 생겨나고 여성은 여전히 가사 책임으로부터 상대적으로 자유로운 남성노동자들의 주변적 지위에 결박되고 있는 것이다(Acker, 2000: 245). 이렇듯 스웨덴의 가족복지가 확대되는 가운데서도 지속하는 성 불평등은 2006년 이후 과거와는 차원이 다른 획기적인 가족복지 서비스와 프로그램을 구상하고 빠르게 확대해가는 우리 사회에서 유의해서 살펴볼 필요가 있다.

3. 가사노동의 성 불평등에서 여성이 짊어지는 이중부담

1) 남성과 여성은 어떻게 가사를 분담하고 있는가?

가사노동에 대한 오랜 연구들은 결혼에 따른 가사부담에서 남녀 간에 매우 일반적으로 나타나는 현상에 주목하고 있다(Gupta, 1999: South and Spitze, 1994). 여성들은 남성과의 결혼 또는 동거 관계를 시작하면서 가사노동이 많이 증가하는 데 비해, 남성들은 그 반대의 경향이 나타나는 것이다. 남성들은 여성과 결혼 또는 동거관계를 시작하면 가사노동이 많이 줄어든다. 가사노동에는 각자 할 때보다 둘이 할 때 평균부담이 줄어드는 규모의 경제성 효과가 별로 크지 않아 인원이 늘어나면서 그에 비례하여 어느 정도는 같이 늘어나는 경향이 있다. 남성이 결혼하면 혼자 살 때보다 가사 부담이 줄어든다는 것은 남성의 줄어든 부담이 여성에게 그대로 전가되고 있음을 의미한다. 이러한 현상은 최소한 가사노동과 관련해서 여성이 져야 하는 결혼의 부담이 남성보다 크다는 것을 보여준다.

가사노동의 성 불평등은 시간상으로뿐 아니라 내용상으로도 나타나는데 가사분담의 내용에서 남녀 간에 큰 차이를 보인다. 일반적으로 여성들이 주로 맡게 되는 가사노동이 식사준비, 청소, 세탁, 자녀 돌보기 등이라면 남성들이 주로 하는 일은 못박기, 무거운 짐이나 가구 옮기기, 자녀와 놀아주기 같은 것들이다. 여성이 맡는 일들이 하루도 빠짐없이 매일 반복되는 일들인데 비해 남성들이 맡는 일들은 어쩌다 한번 가끔 생기는 일들이거나 자녀와 놀기와 같이 성격상 일이라고만 볼 수 없는 것들이다. 이러한 성별분담 구조에서는 남성이 가사분담을 한다 하더라도 여성이 매일매일 해야 하는 실질적인 가사노동은 거의 줄어들지 않는 것이다(조혜선, 2003: 96~97).

가사노동 중에서도 여성들의 일상에 가장 큰 영향을 미치는 부분이 가족들에 대한 보살핌 노동이다. 일찍부터 보살핌 노동이 유급으로 공공영역에서 이뤄져 온 스웨덴에서는 보살핌 노동에 대한 연구와 논의가 상대적으로 활발했다(Acker, 2000: 233). 가족복지의 상당 부분이 실현된 스웨덴 사회에서 보살핌 노동이 여성복지의 측면에서 여전히 가장 큰 쟁점이 되어 온 것은 이 부분이 다른 가사노동과 달리 사회적으로 빈틈없이 충족되기 어려운 측면이 있기 때문이다.

보살핌 노동의 의미는 성별 간에 큰 차이를 보인다. 즉, 여성들에게 그것은 직접 보살피는 일을 통해 가족구성원들에게 보살핌을 제공하는 일인 데 비해 남성들에게는 주로 정서적인 관심 두기와 같은 것들이다. 여성들은 먹이고 씻기고 입히는 등 직접적인 보살핌 일을 하며 이러한 보살핌을 제공하지 못하는 여성들은 가족들을 보살피는 의무를 다하지 못한 데 대한 죄의식을 끊임없이 강요받게 된다(Woodward, 2000: 98).

결혼만족도에 대한 기혼여성의 국가 간 비교를 보면 여성취업률이 낮은 사회에서는 취업주부가 전업주부보다 높고 여성취업률이 높은 사회에서는 전업주부가 취업주부에 비해 높은 만족도를 나타내고 있다(Newell, 1996: 40). 여성취업률이 높은 사회에서 취업여성의 낮은 생활만족도는 남성과 마찬가지로 여성도 취업이 당연히 기대되어 전업주부로 가사에만 전념하고 싶어도 취업을 해야 하는 다소 반자발적인 취업 상황을 반영한다. 더군다나 가정에서의 전통적인 성별관계가 변함없이 그대로 유지되면서 여성들의 가사와 일에 대한 이중부담은 더욱 커지는 것이다. 여성취업률이 낮은 사회는 여성들의 취업이 어느 정도 선택적으로, 이 경우 여성들은 일과 가정이라는 이중, 삼중의 부담에 부대끼기보다는 어느 한 쪽을 선택할 수 있는 선택권이 있다는 점에서 높은 생활만족도를 보이는 것이다.[3]

스웨덴같이 여성 취업이 보편화한 사회에서 여성들에게 가사노동과 유급노동은 선택할 수 있는 것이 아니며 둘 다 해야만 하는 것이다. 가사도우미 서비스를 감당할 수 있는 경제력이 뒷받침되지 않으면 보살핌과 가사에 관여하지 않고 유급노동만 선택한다는 것은 더는 가능하지 않다(Orloff, 2000: 69).

2) 우리 사회 가사노동의 성 불평등

최근 우리 사회 20대 여성의 취업률이 남성의 취업률을 웃돈 것으로 조사

3 어느 사회에서나 그 사회의 평균 여성취업률과는 관계없이 사회 최하층 여성들은 가정생계를 위해 이런저런 경제활동을 하고 있으며 이 계층 여성들에겐 취업은 선택이 아닌 생활을 위해 필수적이다. 이 장에서 국가 간 비교 대상이 되는 여성들은 그 사회에서 가장 평균적인 계층의 여성을 기준으로 본 것이다.

표1 성인의 성별 하루평균 노동시간(20세 이상)

(단위는 시간: 분)

	남성			여성		
	1999	2004	2009	1999	2004	2009
총 노동시간	6:17	5:45	5:34	7:16	6:38	6:23
유급노동	5:45	5:06	4:52	3:18	2:58	2.48
가사노동	0:32	0:36	0.42	3:58	3:40	3.35

출처: 통계청, 『2004년 생활시간조사결과』(2005), 『2009년 생활시간조사결과』(2009).

됐다. 이렇듯 남성보다 높았던 여성 취업률은 30대로 접어들면서 급격히 낮아진다. 이는 아직도 우리 사회에서 많은 여성이 결혼과 출산으로 경제활동을 접고 가정으로 돌아가야 하는 현실을 나타낸다. 가정으로 복귀하지 않고 취업을 지속하는 여성들은 일과 가정이라는 이중부담을 헤쳐가야 하는 고단한 생활을 이어가고 있다. 많은 취업 여성들이 가사와 가족보호, 나아가 직장이라는 이중, 삼중의 부담을 지고 있다.

통계청의 2009년도 생활시간조사 결과는 여성 취업의 지속적인 증가에도 남성들의 가사노동에 대한 참여는 거의 제자리 수준이라는 것을 그대로 보여주고 있다. 성인 남녀의 하루평균 노동시간(유급노동과 무급 가사노동)은 남성이 5시간 34분, 여성이 6시간 23분으로 여성의 노동시간이 한 시간 가까이 길다. 특히 하루평균 가사노동 시간은 남성이 42분, 여성이 3시간 35분으로 여성의 가사노동 시간이 남성의 6배에 이르고 있다(표1). 성별 간의 이러한 격차는 남성은 바깥일을 하고 여성은 집안일을 책임진다는 우리 사회의 전통적인 성별분담의 현실을 그대로 보여주고 있다. 가사노동에서의 가부장적 성 불평등은 맞벌이 가구와 남편 외벌이 가구에 대한 통계에서 좀 더 분명히 드러나고 있다(표2). 집단별 생활시간 통계를 보면 맞벌이 아내의 노동시간은 비교 집단 중 가장 긴 8시간 26분으로, 가장 짧은 외벌이 가구 아내의 6시간 20분보다 2시간 6분 더 길다. 남성의 노동시간은 맞벌이 남편

표2 맞벌이와 (남편)외벌이 가구의 성별 노동 및 여가

(단위는 시간: 분)

	맞벌이 가구				(남편)외벌이 가구			
	아내		남편		아내		남편	
	2004	2009	2004	2009	2004	2009	2004	2009
총 노동시간	8:42	8:26	7:06	6:57	6:30	6:20	6:57	6:47
(유급노동)	5:14	5:06	6:34	6:20	0:05	0:02	6:26	6:08
(가사노동)	3:28	3:20	0:32	0:37	6:25	6:18	0:31	0:39
수면	7:25	7:26	7:39	7:37	7:39	7:48	7:41	7:41
여가생활시간	3:37	3:25	4:28	4:14	5:51	5:37	4:24	4:17

출처: 통계청, 『2009년 생활시간조사결과』.

은 6시간 57분, 외벌이 남편은 6시간 47분이다. 이 중 가사노동에 들이는 시간은 외벌이 가구의 아내가 가장 긴 6시간 18분, 맞벌이 아내가 3시간 20분으로 외벌이 가구 아내의 가사노동 시간이 3시간 정도 길다. 남편은 외벌이 남편이 39분, 맞벌이 남편이 37분으로 거의 같은 수준인데, 아내의 맞벌이 여부에 관계없이 남편의 가사노동 기여는 전혀 늘지 않고 거의 그대로라는 것을 보여준다.

맞벌이 남성의 가사노동에서의 낮은 기여는 바로 그 아내에게 그대로 전가된다. 맞벌이 여성의 수면시간이나 여가는 다른 집단에 비해 매우 짧다. 수면시간을 보면 외벌이 아내가 가장 긴 7시간48분, 외벌이 남편과 맞벌이 남편에 이어 맞벌이 아내는 7시간 25분으로 수면시간이 가장 짧다. 여가도 외벌이 가구의 아내가 5시간 37분으로 가장 길고, 외벌이 남편과 맞벌이 남편은 거의 비슷한 수준의 4시간 15분, 맞벌이 여성은 3시간 37분으로 가장 짧다. 이러한 수치는 맞벌이 가구의 아내들이 가사와 취업의 이중부담으로 수면이나 여가생활 등의 가장 기본적인 삶의 질에서 가장 열악한 수준에 있음을 나타낸다.

외벌이 가구의 전업주부와 맞벌이 취업주부의 비교에서도 하루평균 노동

표3 양부모와 편부모 가구의 평균 노동시간

(단위는 시간: 분)

	양兩부모 가구			편부모 가구		
	평균	부	모	평균	편부	편모
전체노동	7:29	6:58	8:02	7:27	6:29	7:43
양兩부모 가구	4:34	6:20	2:37	3:59	5:10	3:39
가사노동	2:55	0:38	5:25	3:28	1:19	4:04

출처: 통계청, 『2004년 생활시간조사결과』.

시간은 전업주부가 6시간 20분, 취업주부가 8시간 26분으로 취업주부의 노동시간이 3시간 길다. 이 중 전업주부의 노동시간은 유급노동 2분, 가사노동 6시간 18분으로 이루어져 있으며, 취업주부는 유급노동 5시간 6분, 가사노동 3시간 20분으로 이루어져 있다. 취업주부는 노동시간 외에 출퇴근시간으로 하루 평균 1시간 반 정도를 보내고 있다는 점에서 취업주부의 시간적 압박이 매우 클 것으로 예측할 수 있다. 전업주부의 가사노동시간이 주말인 일요일에는 평일보다 52분 줄어드는 데 비해, 취업주부는 오히려 42분 증가하고 있어 취업주부들은 남들이 쉬는 주말조차 주중에 못한 가사노동을 하는 것으로 나타나고 있다. 이러한 통계수치에서 우리나라의 취업주부가 일과 가정의 이중부담에 시달리고 있음을 볼 수 있다.

양부모가구와 편부모가구의 비교에서는 가사노동의 성 불평등 가운데서도 좀더 흥미로운 부분을 확인할 수 있다(표3). 편부모 가구와 양兩부모 가구의 노동시간 비교에서 총노동시간은 양부모 가구의 부는 6시간 58분, 편부는 6시간 29분으로 편부가 30분 짧다. 그러나 이 중 가사노동 시간은 양부모의 부가 38분, 편부가 1시간 19분으로 편부의 가사노동시간이 두 배 이상 긴 것으로 나타나고 있다. 즉, 편부가 되면 유급노동시간은 짧아지고, 가사노동시간은 길어지는 것이다. 모의 경우 양부모가구의 모의 노동시간은 8시간 2분, 편모는 이보다 20분 정도 줄어든 7시간 43분이다. 노동의 내용을

표4 65세 이상 노인의 성별 평균노동시간

(단위는 시간: 분)

	남성		여성	
	2004	2009	2004	2009
노동시간	3:24	3:15	4:44	4:27
유급노동	2:25	2:14	1:32	1:48
가사노동	0:59	1:01	3:12	3:06

출처: 통계청, 『2004년 생활시간조사결과』, 『2009년 생활시간조사결과』.

보면 양부모 가구의 모의 노동시간이 유급노동 2시간 37분, 가사노동이 5시간 25분인데 비해, 편모는 유급노동이 3시간 39분으로 1시간 정도 늘어나고 가사노동은 1시간 20분 정도 줄어들어 결과적으로 편모의 노동시간이 양부모의 모의 노동시간에 비해 20분 정도 짧아진다. 편모의 가사노동시간이 짧아지지만, 편부의 가사노동시간은 늘어나고 것이다.

이러한 결과는 이혼하거나 사별한 여성과 남성들에 관한 연구와 일치한다. 즉, 여성의 가사노동 시간은 결혼하여 배우자와 같이 살 때 가장 길고, 이혼이나 사별하게 되면 많이 줄어든다. 반면에 남성의 가사노동 시간은 결혼하여 배우자와 같이 살 때 가장 짧고, 이혼하거나 사별하게 되면 가사노동시간이 많이 증가하는 것이다(South and Spitze, 1994).

가사노동에서의 성 불평등은 유급노동 시간이 남녀 모두 많이 줄어드는 노인이 되어서도 계속된다. 65세 이상 노인의 가사노동 시간은 남성이 1시간 1분, 여성이 3시간 6분으로 여성편중은 노인이 되어서도 여전히 계속되고 있다(표4). 남성들은 노인이 되어 유급노동이 많이 줄어들어도 그에 상응한 가사노동 시간에는 큰 변화가 없는 셈이다. 여성은 노년이 돼도 온갖 집안일에서 벗어나지 못하는 현실이다.

가사노동의 성 불평등은 내용에서도 두드러진다(표5). 다른 사회와 마찬가지로 우리 사회에서도 여성은 식사준비, 세탁, 청소, 가족 보살피기 등 매

표5 성별 가사노동 내역 및 시간(20세 이상)

(단위는 시간: 분)

	평일		토요일		일요일	
	여자	남자	여자	남자	여자	남자
총 시간	3:31	0:34	3:46	0:54	3:40	1:05
음식 준비	1:29	0:09	1:35	0:10	1:36	0:13
의류관리	0:21	0:01	0:23	0:02	0:26	0:03
청소 및 정리	0:31	0:07	0:36	0:10	0:36	0:13
집 관리	0:04	0:04	0:04	0:06	0:05	0:08
장보기, 쇼핑	0:15	0:03	0:20	0:08	0:19	0:10
가족 보살피기	0:48	0:09	0:47	0:16	0:37	0:19

출처: 통계청, 『2009년 생활시간조사결과』.

일매일 가정생활의 핵심이 되는 실질적인 가사노동을 거의 도맡고 있다. 반면 남성은 두드러지게 하는 일들이 거의 없다. 남녀 간에 별 차이가 없는 것은 일상생활에서 비중이 매우 낮은 집 관리와 장보기나 쇼핑 정도이다.

가사노동 중에서도 보살핌 노동은 가장 직접적으로 개인의 일상을 구속하는 특성이 있다. 청소나 의류관리는 필요하면 외부서비스를 구입할 수 있고, 식사도 집 밖에서 해결할 수 있지만 보살핌 노동은 그러한 융통성이 매우 제한적일 뿐 아니라 그때그때 즉각적으로 해야 하는 일들인 경우가 일반적이다. 따라서 보살핌 노동을 담당하는 사람은 자신의 일상을 전적으로 그러한 필요에 대비하고 맞추어야 한다는 점에서 시간적인 융통성이 거의 없다. 또한, 보살핌 노동은 많고 적고 간에 대다수 사람이 일반적으로 하는 다른 가사노동과 달리 전형적인 '전부 아니면 전무all or none'의 특성이 있다. 즉, 음식준비, 청소니 하는 것들은 각 가정에 따라 많고 적음의 비교적 연속선상에 분포되는 데 비해 보살핌 노동은 가족 중에 미취학 자녀나 요보호 노인 부모, 환자가 있는 경우와 그렇지 않았을 때 현격하게 차이가 나는 것이다.

표6 미취학자녀 유무별 전업주부와 취업주부의 총 노동시간(2009년)*

(단위는 시간: 분)

	미취학자녀 있음		미취학자녀 없음	
	전업주부	취업주부	전업주부	취업주부
평일	8:23	9:43	4:40	8:43
토요일	7:19	7:42	4:27	7:25
일요일	6:47	6:40	4:03	6:04

출처: 통계청, 『2009년 생활시간조사결과』.
*전업주부는 20세 이상 미취업 기혼여성, 취업주부는 20세 이상 취업 기혼여성을 뜻한다.

20세 이상 성인의 가족 보살핌 노동을 수행한 행위자 비율을 보면 남성은 15.1%, 여성은 44.1%로 여성들이 보살핌 노동을 하는 비율이 남성보다 3배 이상 높다(통계청, 2010). 평일을 기준으로 보살핌 노동시간의 분포를 보면 남성은 9분이고, 여성은 48분이다. 가정에서의 보살핌 노동의 실제부담을 살펴보려고 행위자 평균을 볼 필요가 있다. 평일을 기준으로 행위자들이 보살핌 노동에 들이는 평균시간을 보면 남성은 1시간, 여성은 1시간 54분으로 보살핌 노동에 들이는 평균시간에서도 남성의 두 배에 이르고 있다.

여성의 가사부담은 미취학 자녀의 유무에 따라 크게 영향을 받는다. 취업주부는 미취학 자녀가 있는 경우 평일 가사노동시간은 3시간 59분으로 미취학 자녀가 없는 경우의 2시간 50분에 비해 1시간 9분 증가한다. 전업주부는 미취학자녀가 있는 경우 가사노동 시간이 8시간 4분으로 없는 경우의 4시간 40분에 비해 3시간 24분이 증가하고 있다. 유급노동 시간을 포함하면 미취학아동이 있는 취업주부의 평일 총노동 시간은 9시간 50분으로 가장 짧은 미취학 자녀가 없는 전업주부의 4시간 52분보다 두 배 이상 긴 것으로 나타나고 있다.

고령화와 저출산의 흐름에서 보살핌 노동 중에서도 각 가정에서의 노인 보살핌이 우리 사회가 당면한 시급한 사안이 되고 있다. 지금까지 여성은 노인 보살핌에 있어서 정서적, 신체적 보살핌의 실질적인 책임을 져왔다. 노

표7 부모생활비 주 제공자(2010년)

(단위는 %)

장남, 맏며느리	아들, 며느리	딸, 사위	모든 자녀	자체 해결	기타
32.8	20.1	3.3	28.4	13.4	2.1

출처: 통계청, 『2012 고령자통계』.

인 보살핌의 부담을 여성에게 전담시키는 우리 사회의 가족문화와 구조에서 노인 보살핌 문제는 여성복지 문제와 따로 떼어서 볼 수 없다. 특히 여성들이 점점 더 유급노동으로 편입되면서 노인 보살핌은 점점 더 전통적인 가족부양으로 전담하기 어려워지고 있다.

노인 보살핌에서 드러나는 주요 쟁점은 '누가 보살핌 일을 수행하는가?' 하는 문제이다. 우리 사회 노인 보살핌의 가장 큰 특징이자 문제는 보살핌의 대상이 시어머니 또는 시아버지로, 딸이나 아들과 같이 자식이 아닌 며느리가 보살핌의 주체가 되고 있다는 점이다. 이러한 관계에서는 부모에 대한 자식의 우러나는 애정이나 사랑보다는 며느리의 의무감이나 도리에 크게 의존할 수밖에 없다(김미경, 2000). 실질적으로 부양을 담당하는 여성의 처지와 입장에서 노인 보살핌 문제를 새로이 바라볼 필요가 있는 것이다. 오늘날과 같이 전통적인 가족관계가 약화하고 점점 개인화가 확산하는 시대에 이러한 의무감과 도리에 의존하는 데는 한계가 있으며 점점 더 기존의 틀은 유효성을 잃고 있다.

노부모부양에 대한 최근 통계는 이러한 변화가 이미 빠르게 진행되고 있음을 보여준다. 노부모의 동거자가 자식 등 가족인 비율이 1998년의 54.5%에서 2002년에는 42.7%, 2005년 39.9%, 2011년에는 31.4%로 빠르게 낮아지고 있다. 노부모의 자식과 동거하는 노인은 세 명 중 한 명이 채 안 되는 수준으로 낮아졌다. 자식과 동거하는 노인들의 비율은 낮아져도 자식 중에서 노부모부양에 대한 책임을 여전히 아들과 며느리가 상당 부분 지는 상황에

표8 부모부양에 대한 견해

(단위는 %)

	15세 이상 인구	자체 해결	가족						가족과 정부, 사회	정부와 사회	기타
				장남	아들	딸	함께	자식 중 능력 있는 자			
1998	100	8.1	89.9	22.4	7.0	0.5	14.5	45.5	–	1.9	0.1
2012	100	13.9	33.2	2.3	1.3	0.3	24.7	4.6	48.7	4.2	0.0

출처: 통계청, 『2004 고령자통계』, 『2012 사회조사결과』.

는 변함이 없다.

노부모를 누가 부양할 것인가에 대한 견해에서 장남 등 아들의 비중은 작아지고 딸의 비중이 높아지는 추세이다. 이와 함께 정부의 도움이나 본인 스스로 해결해야 한다는 비중도 높아지고 있다. 이러한 결과는 노부모부양의 주체가 기존의 아들에서 딸자식을 포함한 가족구성원 전체와 정부·사회의 제도적 측면으로 옮겨지고 있음을 나타낸다. 우리 사회 노인부양의 전통적 가치는 주로 유교적 효 사상에 토대했다. 그러나 현대사회의 가족 가치관의 변화, 양성평등의 확산, 개인주의의 확산 등으로 더는 노인부양 문제를 전통적인 효 사상에 기대어 해결하기 어려워지는 것이다.

이 절에서 살펴본 우리 사회의 관련 통계는 일과 가정의 이중부담에 시달리는 맞벌이 여성의 현실을 그대로 보여주고 있다. 맞벌이 남성들의 가사 분담이 전업주부의 남편과 비교하여 전혀 차이가 없다는 것은 맞벌이 여성들이 그들의 취업활동에도 가사노동의 분담을 남편들로부터 거의 끌어내지 못하고 있음을 나타낸다. 결과적으로 맞벌이 여성의 삶의 질은 노동시간, 수면시간, 여가의 모든 차원에서 다른 모든 비교집단에 비해 낮은 특성을 보인다.

이러한 현실은 결혼과 가족생활 만족도에서의 남녀 간의 큰 차이로 이어진다. 성별 차이는 가족관계에 대한 만족도에서 크게 나는데 남성들이 평균

표9 성별 가족관계 만족도

(단위는 %)

가족관계		만족	보통	불만족
전반적인 가족관계	남자	58.2	37.9	3.9
	여자	54.2	41.0	4.8
배우자관계	남자	71.8	23.7	4.4
	여자	59.2	29.4	11.4
본인 부모관계	남자	63.9	31.1	5.1
	여자	34.2	30.1	5.7
배우자 부모관계	남자	57.4	37.8	4.8
	여자	44.1	41.7	14.2

출처: 통계청, 『2012 사회조사결과』.

적으로 여성들보다 만족도가 높고 특히 배우자와의 관계에서 남성의 만족도가 높다. 본인 부모와의 관계에서는 남녀 간에 큰 차이가 없으나 배우자 부모와의 관계에서는 여성의 만족도가 남성보다 크게 낮고 불만족도는 크게 높다. 여성들이 본인 부모가 아닌 배우자 부모에 대한 부양에 일방적으로 책임을 지면서 배우자 부모와의 관계, 남편과의 관계에서 불만이 쌓이는 것이다. 최근 젊은 여성들 사이에 '리모컨 효도'니 '셀프 효도'니 하는 말들이 생겨나는 것은, 남성들이 스스로 부모에게 셀프 효도하기보다는 아내를 통해 리모컨 효도를 하는 데 대한 여성들의 강한 불만을 나타낸다. 결혼생활 전반에서 여성의 만족도가 남성보다 낮을 수밖에 없는 것이다.

미취업 전업주부와의 비교에서 취업 기혼여성은 삶의 만족감이 낮고 불만족감은 높게 나타나고 있다. 여성 중에서도 특히 취업 기혼여성이 일과 가정의 고된 일상에 시달리고 있음을 보여준다(표10).

가정 내 전통적인 성별관계의 변화 없이 이루어지는 기혼여성의 취업증가는 결혼가족관계 등 여성의 삶의 질을 악화시키는 것은 말할 것도 없고 결과적으로 여성의 사회경제적 지위를 남성에 대하여 열등한 지위로 영속시

표10 워킹 맘과 전업 맘의 주관적 만족감*

(단위는 %)

	만족	보통	불만족
워킹 맘	24.1	45.3	30.6
전업 맘	27.9	46.7	25.4

출처: 통계청, 『2012 통계로 보는 여성의 삶』.

*워킹 맘은 만 18세 이하 미혼자녀를 둔 취업여성, 전업맘은 같은 조건의 미취업여성을 뜻한다.

키는 것이다.

4. 마치며: 가족 가치관의 변화와 가사노동의 젠더 재구성

우리 사회의 부부가족관계는 부부간의 가부장제적 성별 관계로서 정해진 성별 역할과 권위의 분담이 특징인 전통적인 가족집단주의에 토대를 둔 것이었다. 그러나 가족제도를 지탱해온 전통적인 가족집단주의 가치관은 크게 약화하고 있다. 부부간의 성별 역할분담, 부모·자식 관계 등에서는 적지 않은 변화의 조짐이 나타나고 있다. 이러한 변화의 가장 큰 요인은 결혼과 가족관계에 대한 전통적인 기대와 사고에서의 여성들의 변화이다. 우리 사회의 가부장적 가족관계에서 전통적인 자기희생적 모성 역할과 사회참여를 통한 자아성취 추구를 놓고 여성들이 겪어야 했던 갈등은 매우 컸다.

여성취업의 보편화라는 사회추세에 맞추어 결혼과 가족제도에서의 새로운 성역할의 규범과 문화에 대한 욕구가 분출하고 있다. 평등한 부부관계를 요구하는 여성들의 목소리가 높아지는 것이다. 점점 더 많은 여성이 현모양처로서 가정에 헌신하여 살아가는 것을 전부로 받아들이던 전통적인 사고방식에 구애받지 않고 독신생활을 선호하고 이혼을 마다치 않는 등 점점 결혼 밖에서의 자아성취의 기회를 추구하고 있다.

우리 사회에서 '남성은 일, 여성은 가정'이라는 성역할에 대한 남성과 여성 간의 인식상 괴리는 여전히 크다. 여성의 평등 욕구는 점점 강해지는데 기존의 가족관계와 남성들의 생각은 제자리걸음을 면치 못하면서 가족과 결혼, 출산에 대한 여성들의 기대나 사고방식이 변화하고 있다. 가사노동, 보살핌 일들이 주로 여성들에게 여전히 주어지는 현실에서 사회적 성취를 추구하는 여성들에겐 결혼이나 출산 기피는 오히려 합리적인 선택이다. 과거와 달라진 것은 이러한 인식을 행동으로 옮길 수 있는 사회분위기가 조성되고 비혼, 독신 등이 현실적인 선택지가 되고 있다는 점이다.

최근 무상보육, 노인요양보호 등의 가정에서의 보살핌과 돌봄 일에 대해 획기적인 정책이 수립되고 있는 것은 매우 고무적이다. 그러나 스웨덴의 경험에서 보았듯이 명실상부한 양성평등은 정부 차원의 노력만으로는 한계가 있으며 가정 안에서의 성 불평등 문제를 극복하고 여성이 가정 안팎에서 남성과 동등한 위치에 이르려면 가족문화와 실천 차원의 근본적인 변화가 수반되어야 함을 시사하고 있다.

챔버레인(Chamberlayne, 1993)은 여성복지정책의 분석시각을 젠더 중립gender neutrality, 젠더 인지gender recognition, 젠더 강화gender re-inforcement, 젠더 재구성gender reconstruction이라는 네 유형으로 나누었다.[4] 젠더 중립 유형은 여성의 특수성에 대한 고려 없이 양성평등의 관점에서 사회적 법의 재규정에 집중한다. 젠더 인지는 여성의 평등을 추구하는데 양성 간의 차이를 고려해야 한다는 점을 강조하고 할당제, 가정에서의 보살핌에 대한 여성부담의 경감, 성폭력 여성을 위한 쉼터제공 같은 제도 구축을 강조한다. 젠더 강화는 전통적인 관계들과 역할을 재확인하는 입장

4 Chamberlayne, P. Women and the State: Changes in Roles and Tights in France, West Germany, Italy and Britain, 1970–1990. *Women and Social Policies in Europe*. Lewis(ed.). N.Y.: Edward Elgar, pp.170~193, 1993; 김영란(2003: 195~197)에서 재인용.

이다. 젠더 재구성의 시각은 더 근본적인 성별관계의 변화를 요구하는 뜻으로 전반적인 가부장제 사회구조의 근본적인 변화뿐 아니라 남성의 근본적인 의식변화를 통한 평등을 추구한다. 젠더 재구성은 양성평등의 전제조건으로 남성과 여성의 역할변화와 더불어 보살핌과 노동에서 보이는 성 불평등의 극복, 부모 육아 휴직제 등을 요구한다. 젠더 재구성은 다른 분석 틀에 비교하여 가장 급진화된 양성평등의 시각을 제시한다.

오늘날 가사노동의 성별분담을 둘러싼 논란은 젠더 재구성의 시각을 반영한다. 보살핌의 가사노동에 대한 역할 공유를 중시하는 성역할 변화는 성역할에 대한 기본적인 사회적 가정과 '공적 영역 대 사적 영역'이라는 이분법 정당성에 도전하고 궁극적으로는 기존의 젠더 관계의 해체를 요구하고 젠더 재구성을 촉구하는 것이다(김영란, 2003). 가족에 대한 보살핌과 봉사가 여성에게 자연스러운 일로 보이는 인식에 대한 도전은 가정이라는 사적 영역에서 성별관계의 근본적인 변화를 요구하는 것이다(Woodward, 2000: 98~99).

우리 사회에서 여성의 경제 활동 참여는 계속 증가하고 있다. 이에 따른 전통적인 성 역할상의 실질적인 젠더 재구성 노력이 따르지 않는다면 사업장에서 남녀고용평등 및 여성의 사회노동참여를 위한 정부정책이 추구하는 바, 가정에서나 사회에서 여성의 지위가 실질적으로 향상하기란 요원하다.

국가의 가족복지 프로그램 확대만으로는 가정에서의 성 불평등성을 해결해 나가는 데 한계가 있다. 정부 차원의 공적 가족서비스를 확대해가는 동시에 기존의 젠더 관계에 대한 근본적인 변화가 따라야 한다. 타인에 대한 보살핌의 행위와 심리구조가 여성에게 주어진 천륜이라는 사고에서 벗어나, 기존의 가족관계가 여성에게 지워온 과도한 부담에 관심을 둘 필요가 있다. 여성이 수행해온 보살핌 일들을 여성들이라면 당연히 가진 가족구성원에 대한 사랑의 표현으로 간주하고 이러한 가족애는 가족공동체에서 가장 먼저 지켜야 하는 지고한 가치의 표현으로 과도하게 강조됐다. 시대에 맞는 제도 마련과 함께 일과 가정의 양립을 추구하는 여성들을 죄책감과 이중부담으로 압박하는 우리 사회의 성별문화에 대해 고민해야 할 것이다.

한편에서는 이러한 변화 때문에 우리 사회의 전통적인 현모양처 같은 가족주의의 미덕이 사라지고 가족공동체의 기반이 무너지게 될 것이라는 우려도 있다. 그러나 이러한 변화가 일방적인 가족해체를 의미한다고 보기는 어렵다. 가족주의 약화는 근대 이래 지속해온 집단공동체의 개인에 대한 구속력 약화를 뜻하며 이는 남녀 모두의 자유가 확대되는 흐름으로 이어지고 있다.

최근 저출산 문제로 정부가 총력을 다해 나서면서 보육 인프라와 정부지원이 빠르게 확대되고 있다. 이런 추세라면 결혼과 출산으로 경력을 단절해야 하는 여성들은 줄어들 것이다. 그러나 자녀가 있는 기혼여성들이 계속 경제활동을 할 수 있도록 이러한 사회서비스기반을 확대하는 동시에 가사노동에 대한 적절한 성별분담 문화가 자리 잡는 데도 관심을 둘 필요가 있다. 이런 변화 없이 여성취업의 여건에만 집중하게 되면 일과 가정의 여성의 이중부담이 고착될 것이 자명하다. 최근 조사에서 자녀양육으로 일선에서 물러난 경력단절 여성들이 향후 원하는 일자리형태에 시간제 근로가 압도적으로 높게 나타나고 있다. 이들 여성은 취업하더라도 여전히 가정과 병행 가능한 시간적 유연성을 확보해야 하는 셈이다. 이는 이런 부담으로부터 자유롭게 취업에만 전념할 수 있는 남성의 처지와는 크게 대비된다.

제3장

부모동거와 첫째 자녀 출산*

김현식·김지연

1. 들어가며

한국 사회는 합계출산율이 2001년 1.297을 기록한 이후 2011년 현재까지도 1.3 미만을 맴돌면서, 세계에서 유례를 찾아보기 어려운 초 저출산lowest-low fertility 현상을 경험하고 있다(통계청, 2012). 저출산의 장기화 때문에 나타날 수 있는 사회문제들에 대한 관심이 확산하면서 저출산에 영향을 미치는 요인들에 대한 연구는 매우 활발히 진행돼왔다. 일례로 김태헌 외(2006)는 1980년부터 2000년의 인구주택 총조사 자료를 활용하여 지역 및 교육수준 등의 다양한 변수에 따른 차별출산력을 탐구한 바 있다. 김두섭(2007)은 2003년 전국출산력 조사 자료를 사용하여 1997년 이후 결혼한 여성과 이전에 결혼한 여성의 차별출산력을 비교했다. 2010년 한국보건사회연구원에서 진행된 일련의 연구를 묶은 이삼식 외(2010)의 연구도 저출산의 다층적·복합적 요인들에 대한 광범위한 연구를 진행해, 저출산의 원인을 이

* 이 장은 『보건사회연구』 32호(2012) 5~32쪽에 실린 김현식·김지연의 논문 「부모동거가 첫째 자녀 출산에 미치는 영향」을 약간 수정한 것이다. 논문의 전재를 허락해주신 『보건사회연구』 관계자분들에게 감사의 말씀을 전한다.

해하는 초석을 마련해주었다.

이렇듯 출산력의 차이를 가져오는 사회적 원인에 대한 탐구가 활발히 진행되고 있지만, 가족구조의 차이가 출산력에 미치는 영향에 대한 연구는 그리 많지 않아 보인다. 전통적인 한국의 가족구조가 출산력에 미치는 영향을 탐구한 대표적인 연구로는 권태환(T-H., 1984)의 연구를 들 수 있다. 이 글에서 저자는 전통적인 가족구조가 1970년대의 높은 출산율에 기여한 것이 아니라는 점을 보여주고자 했다. 모건과 린드퍼스(Morgan & Rindfuss, 1984)는 한국과 말레이시아를 비교하면서 여성이 친정부모와 거주할 때 첫째 자녀 출산까지 걸리는 시간이 늘어나는 경향이 있으나 시부모와의 동거는 아무런 효과가 없었음을 보여주었다. 같은 주제를 탐구한 최근의 연구로는 김태헌 외(2006)의 연구가 있다. 이들은 동거하는 세대의 수가 출산력에 미치는 영향을 살펴보면서 2세대가 함께 거주하는 가구에 비해 3세대가 거주하는 가구의 출산력이 높다는 분석 결과를 내놓았다.

본 연구는 이러한 선행 연구결과에 기초하여 가족구조의 차이가 가져오는 차별적인 출산력 효과를 알아보려 한다. 가족구조를 이해하려면 다양한 접근이 가능하지만(권태환·박영진, 1995; 김승권 외, 2000; Kim, 2004) 이 글에서는 가족구조의 한 형태로써 부모동거가 첫째 자녀 출산에 미치는 영향에 초점을 맞추어 기존 문헌의 확장 및 심화에 이바지하고자 한다. 부모의 생존 혹은 동거 여부가 자녀출산에 미치는 영향을 통제변수의 수준에서 다룬 논문들도 있기는 하다(예를 들어 김정석, 2007; 김현숙, 2007). 하지만 필자들이 아는 한 같은 주제를 통제변수가 아닌 가장 중요한 설명변수로 다룬 연구는 매우 드문 편이다.[1] 특히 부모동거가 자녀출산에 미치는 영향에 관한 연구는 1970~80년대 자료에 기초하고 있기 때문에 최근의 인구학적

---

1 외국사례에 관한 문헌연구로는 Sear & Coall(2011)을 참조했다.

변천과정과 경제적 상황을 고려한 연구는 거의 찾아보기 어렵다.

기존의 논의를 바탕으로 본 연구는 여러 면에서 기존의 연구를 발전시켰다. 첫째, 선행 연구들의 다양한 관점과 폭넓은 경험적 연구에 기반을 두어 연구가설을 정립했다. 특히 부모동거를 상호독립적인 네 가지 다른 변수, 즉 가임기 여성을 기준으로 보았을 때, 친정어머니, 친정아버지, 시어머니, 시아버지와의 동거 여부로 각각 나누어 살펴봄으로써 분석적인 연구를 진행했다.[2] 연구가설을 경험적으로 검증하는 방법에서도 기존 연구의 방법론을 발전시켰다. 대부분의 선행 연구가 한 시점에 조사된 횡단자료를 바탕으로 총 자녀 수를 종속변수로 설정했지만, 이 글에서는 종단자료인 『한국노동패널』 조사자료를 활용해 생존분석survival analysis 방법을 이용했다.

2. 이론과 선행연구의 검토

여기서는 먼저 부모와의 동거가 첫째 자녀 출산에 어떠한 영향을 미치는가에 대한 이론적 논의를 전개하고 나서 연구가설을 설정하고자 한다. 논의의 발전을 위해서는 우선 연구의 분석 대상을 명확히 할 필요가 있다. 우리는 1) 20~39세 사이의 2) 초혼인 여성을 대상으로 3) 부모와의 동거 여부가 4) 첫째 자녀의 출산에 미치는 영향을 분석한다.[3] 한 가지 주의할 점이 있는데, 이글의 초점은 부모와의 동거 여부이지 부모의 생존 여부가 아니라는 점이다. 또한, 네 명의 부모(친정어머니, 친정아버지, 시어머니, 시아버지)를 구분할 것이다. 이후 자세히 살펴보겠지만, 이는 각 부모가 자녀출산에 대해 지

2 이하에서는 용어의 통일을 위해 가임기 여성을 중심으로 가족 관계를 기술할 것이며 여성, 남편, 친정어머니, 친정아버지, 시어머니, 시아버지라는 용어를 사용할 것이다.

닌 함의가 다를 것으로 예상할 수 있기 때문이다(Sear & Coall, 2011).

부모와의 동거 여부는 자녀출산에 어떠한 영향을 미칠 것인가? 이 질문에 답하려고 가장 먼저 생각해 볼 수 있는 것은 자녀출산과 관련하여 부모가 가지게 되는 기대 및 여성에 대한 심리적 압박이다(김정석, 2007; Kwon, 1984). 즉, 가족의 연속성과 부계적 가치patriarchical values를 강조하는 한국 사회에서는 예비 할아버지·할머니들이 손자녀를 빨리 보기를 바라며 여성의 부모는 다양한 형태로 이러한 바람을 실현하고자 노력할 가능성이 크다. 특히 우리가 분석하는 대상이 첫째 자녀의 출산이라는 점을 상기한다면 이러한 심리적 압박은 더 클 것이다.

덧붙여 대개 한국의 가족형성이 부계가족을 중심으로 이루어진다는 점 외에도 출산 비용, 예를 들어 모성사망의 위험이나 출산 전후 여성이 지는 신체적 부담, 자녀 돌봄에 필요한 시간투자와 같은 비용이 여성에게 집중되어 있고 남편에게는 상대적으로 덜하다는 점 때문에 시부모로부터 받는 자녀출산에 대한 기대는 더 클 것으로 보인다. 따라서 친정부모와 시부모가 부부와 함께 살 경우 어느 경우든 첫째 자녀 출산에 긍정적인 영향을 줄 것이라 예상할 수 있으며, 시부모와의 동거가 친정부모와의 동거보다 상대적으로 더 큰 영향을 미치리라 추측할 수 있다.

부모와의 동거가 자녀출산에 미치는 긍정적인 영향을 논할 때 가장 중요하게 거론되는 것은 아마도 부모가 조력자로서 가지는 역할일 것이다(김정석, 2007; Kwon, 1984; Sear & Coall, 2011). 조력자로서의 역할은 임신, 출

---

3 이 장에서는 첫째 자녀의 출산만을 분석하는데 여기에는 다양한 요인이 고려됐다. 1) 익명의 심사자가 지적한 것처럼, 첫째 자녀를 출산한 이후에야 둘째 이상의 자녀를 출산할 수 있기 때문에 첫째 자녀 출산은 가장 중요한 관심의 대상이 된다. 2) 첫째 자녀를 출산한 이후에는 분가의 가능성이 커 둘째 자녀 출산 시에는 부모와 동거하는 사례 수가 매우 적을 것으로 생각한다. 3) 현실적인 측면에서 둘째 자녀를 낳을 위험에 처한 사례와 실제로 둘째를 낳은 사례가 매우 적었기 때문에 통계적 검증력statistical power에 문제가 있을 수 있다. 4) 또한 출산순위별로 위험이 시작되는 시간이 달라서 둘째 자녀 이상의 출산을 분석하려면 여기서 제시하는 것보다 더 엄밀한 통계적 방법이 필요하다.

산, 육아, 가사일 같은 과정을 통해 가구 내에서 다양한 영향력을 가질 수 있지만 여기서는 돌봄 조력의 측면과 경제적인 조력의 측면으로 구분한다. 우선 부모, 특히 친정어머니와 시어머니와의 동거는 자녀를 낳고 키우는 데 겪는 어려움을 나눌 수 있는 조력자가 있음을 의미한다. 여성이 아이를 낳고 키우는 데 드는 노력의 정도는 널리 알려진 바이다. 이러한 어려움을 나눌 수 있는 부모의 존재는 여성의 양육부담을 낮춰 출산에 대한 유인을 제공할 수 있다.[4] 아마도 여성은 친정어머니와의 동거가 시어머니와의 동거보다 덜 부담스러울 수 있기 때문에 전자가 미치는 영향이 더 클 것이라 짐작해 볼 수 있다. 한편, 한국 남성이 가정 내에서 육아 및 가사에 대해 가지는 매우 소극적인 역할을 생각한다면 아버지와의 동거가 출산력에 주는 영향은 미미할 것으로 보인다.

돌봄 조력자로서의 부모 역할을 고려할 때 주의할 점은 가구원 수에 따라 부모 동거의 효과가 달리 나타날 수 있다는 사실이다. 이를 설명하는 가장 좋은 예로는 확대가족에서 조카 또는 돌봄을 필요로 하는 어린 친척 자녀 유무에 따른 시어머니의 돌봄 조력자로서의 역할을 들 수 있다. 즉, 다른 모든 조건이 같다면 시어머니로부터 여성이 받을 수 있는 도움은 조카가 없을 때 가장 클 것이며, 조카가 있다면 시어머니의 도움은 그만큼 줄어들 것이다. 이렇듯 가족구성원 수에 따라 부모동거의 효과가 다르다고 한다면 가족구성원 수를 통제해줄 필요가 있다. 이는 "다른 조건이 같다면ceteris paribus"이라는 고전경제학 명제에서 그 이유를 찾아볼 수 있다. 하지만 다른 측면에서는 한 변수의 효과가 다른 변수에 따라 달라질 때, 즉 이질적 효과effect heterogeneity가 있을 때 후자의 변수를 통제하지 않는다면 부모

4 할머니의 돌봄 서비스 질이 다른 어떤 가족구성원의 돌봄보다도 월등한 이유에 관해서는 셀자(Scelza, 2009)를 참조하기 바란다.

동거의 총 효과overall effects가 왜곡되어 나타날 수 있기 때문이다(Elwert & Winship, 2010).

다음으로, 경제적인 측면에서 부모의 조력자 역할을 살펴보도록 하자. 베커로 대변되는 신고전주의 경제학은 가구소득이 자녀출산에 미치는 영향을 양quantity과 질quality의 측면으로 나누어 살펴본다(Becker, 1960). 즉, 가구소득이 높아지면 양과 질적인 측면에서 자녀에 대한 수요가 높아진다고 예측하면서 양보다는 질적인 수요에 대한 탄력성이 크다고 주장한다. 하지만 우리가 살펴보는 것은 첫째 자녀의 출산이기 때문에 양과 질의 차이를 무시할 수 있으며, 가구소득의 증대는 단순히 첫째 자녀에 대한 양적 수요를 증대시키라고 예측해볼 수 있다. 그렇다면 부모와의 동거 여부가 가구소득을 높일 것인지를 따져볼 필요가 있다. 분석 자료가 20세에서 39세 사이의 젊은 여성으로 이뤄져 있으므로, 동거하는 부모는 여전히 노동시장에서 활동할 가능성이 크다. 따라서 부모와의 동거는 많은 경우 가구소득을 증가시키는 방향으로 작용할 것으로 보인다.

하지만, 부모와의 동거만으로 가구소득이 증가한다고 쉽게 단정하기는 어렵다. 부모가 자녀의 소득에 의존하는 경우도 있기 때문이다. 이를 간접적으로나마 알아보려고 실제로 분석 대상이 되는 가임기 여성의 가구주와의 관계를 살펴보면, 모든 여성은 가구주 세대에 속하거나(다시 말해 가구주의 아내이거나) 아니면 가구주의 자녀 세대에 속하는 것으로 나타났다. 이러한 세대의 차이가 부모가 가지는 경제적 효과에 많은 차이를 가져올 것으로 예상해볼 수 있다. 예를 들어 가구주 세대에 속하는 여성은 부모와 같이 동거한다면 부모가 여성이나 여성의 남편에게 경제적으로 의존하고 있을 가능성이 크다. 그렇다면 부모와의 동거는 경제적인 부담으로 작용하여 자녀출산을 억제하는 효과를 보일 것이다. 반면 가구주의 자녀 세대에 속하는 여성이 부모와 동거한다면 부모는 가구주일 것이며 경제적 활동을 활발히

하고 있으리라고 짐작해볼 수 있다. 따라서 부모와의 동거는 경제적인 자원이 상대적으로 풍부함을 의미하게 되는데 이는 첫째 자녀 출산 확률을 높이는 방향으로 작용할 것으로 보인다. 마지막으로 지적하고 싶은 것은 경제적 조력자로서의 도움은 아버지와의 동거, 특히 시아버지와의 동거 여부가 가장 클 것이라는 점이다. 이러한 논의가 가지는 방법론적 함의는 실증분석 시 여성이 가구주 세대인지, 가구주의 자녀 세대인지를 명확히 구분해줄 필요가 있다는 점이다.

그렇다면 부모와의 동거는 자녀출산에 긍정적인 영향만을 미칠 것인가? 전통적인 가족형태를 분석한 권태환(Kwon, 1984)은 여성과 시부모, 특히 시어머니와의 관계가 갈등관계임을 단정하면서 이들과의 동거는 출산력을 낮출 것임을 주장한다. 그는 여러 인터뷰자료를 인용하면서 "시어머니는 부부의 결혼생활에 심하게 간섭하여 남편과 잠자리를 하는 것에 대한 불안을 야기하고 부부는 가능한 한 성행위를 피하게 된다."(Kwon, 1984: 49)고 기술했다. 이렇게 직접적인 간섭의 형태가 아니더라도 부모와의 동거는 조심스러운 행위규범을 지우는 측면이 있어서 자유로운 성행위를 억제할 가능성이 높다(Morgan & Rindfuss, 1984). 이런 면에서 본다면 심지어 친정부모와의 동거도 남편에게 부담돼 출산력을 낮추는 방향으로 영향을 미칠 가능성이 있다.

마지막으로 한국 사회에서 결혼한 여성이 친정아버지 혹은 시아버지와 동거하는 것이 지닌 의미가 무엇인가를 질문해볼 필요가 있다. 가족생계의 부담이 남성에게 있는 한국 사회에서, 부모의 질병 또는 장애와 같은 몇 가지 특별한 경우를 제외하면, 친정·시아버지와의 동거는 남편의 경제적 상황이 좋지 않거나 친정·시아버지의 우월한 경제적 상황에서 비롯됐을 가능성이 크다. 이런 상황에서라면 자녀출산과 관련하여 두 가지 상반되는 예측이 가능해진다. 우선 독립할 수 있는 경제적 부를 축적하기 위해 가임기 여성과 남편은 자녀출산을 늦출 가능성이 있다. 이 경우 친정·시아버지와의 동거는 자녀출산을 늦추는 역할을 할 것이다. 반대로 자녀출산을 서둘러 친정·시아버지에게 경제적 도움을 받아 분가하려는 유인이 강할 수 있다. 이런 상황이라면 친정·시아버지와의 동거는 자녀출산을 촉진하는 유인을 제공할 것이다. 자녀를 낳으면 경제적 도움을 주면서 분가시킬 생각이 있는 친정·시아버지라면 애초에 결혼하면서 그러기로 했을 가능성이 사실상 클 것이라는 점에서 후자의 효과보다는 전자의 효과가 더 클 것으로 보인다.

위의 논의에 기초해 우리는 다음과 같은 가설들을 설정한다. 첫째, 다른 모든 상황을 통제했을 때, 어머니와의 동거는 첫째 자녀 출산의 가능성을 높일 것이다. 이 가설은 어머니의 돌봄 조력자 역할이 규범적 행위규제 역할보다 클 것이라는 생각에 기초해 있다. 둘째, 어머니 중에서도 여성에게 더욱 친숙한 친정어머니와의 동거가 시어머니와의 동거보다 출산 가능성을 더 높일 것이다. 마지막으로 소득 효과 때문에 아버지와의 동거는 출산 가능성을 높이겠지만, 그 효과 면에서 친정아버지와 시아버지 사이의 차이는 크지 않을 것이다.

3. 통계적 연구방법론

위에서 제시한 연구가설을 경험적으로 추정해 보려면 여기서는 흔히 콕스Cox 모형이라고 불리는 콕스 비례위험모형Cox proportional hazards model을 사용한다(Cleves et al., 2004; Klein & Moeschberger, 2003). 명확한 설명을 위해 약간의 수식을 도입하면 콕스 모형은 다음과 같은 형태로 표현할 수 있다.

$$h(t)=h_0(t)\exp(I^T\beta_1+X^T\alpha) \quad \cdots\cdots (1)$$

수식(1)에서 $h(t)$는 시간 t상의 위험을 뜻하는데 $h_0(t)$는 흔히 기본위험baseline hazards이라고 불리는 시간 t상의 위험을 말한다. 여기서 t는 분석시간analytical time이라고 불리는데 이 글에서는 결혼 후 개월 수를 분석단위로 설정했다. 즉, t는 결혼 이후부터 자료가 측정되거나 첫째 자녀가 태어난 달까지에 이르는 개월 수를 의미한다.[5] 위 식에서 I는 부모동거를 뜻하는 지수변수indicator variables들이다. 앞서 밝힌 것처럼 부모동거는 친정어머니, 친정아버지, 시어머니, 시아버지와의 동거를 일컫는 네 가지 지수변수로 구성돼 있다. 이러한 부모동거 변수는 여러 범주를 가지는 범주형 변수이므로 하나 이상의 지수변수가 필요하다. 이 때문에 벡터의 형태로 표현했다. 통상 벡터는 열 벡터를 표현하므로 각 변수에 위첨자로 표현된 T는 전치transpose를 나타낸다.

수식(1)에서 핵심은 위험이 변수의 값에 따라 비례적으로 나타난다는 것이다. 즉, 혼동변수confounding variables인 X의 값이 같다면 I가 친정어머니와의 동거를 뜻하는 0과 1을 가지는 스칼라scalar 지수변수라는 가정 아래, 친정어머니와의 동거가 0의 값을 가질 때는 시간 t상의 위험이 $h^0(t)=h_0(t)\exp(0^*\beta_1+X^T\alpha)$이고, 친정어머니와의 동거가 1의 값을 가질 때는 이기 $h^1(t)=h_0(t)\exp(0^*\beta_1+X^T\alpha)$때문에 $h^1(t)/h^0(t)=\exp(\beta_1)$로 나타난다. 비례위험모형에서 가장 중요한 가정은 비례관계가 모든 시간에서 유사하게 나타나야 한다는 것이다(Klein & Moeschberger, 2003). 하지만 분석 자료의 기술통계에 관한 부분에서 살펴보겠지만, 일정 분석시간이 지나면 부모와 동거하는 여성이 거의 없어지고 이들이 자녀를 출산하지 않는 상황이 나타나게 되

5 한 심사자는 개인별 분석시간 간격에 대한 의문을 제기했다. 이 글의 분석시간은 결혼 후 개월 수이기 때문에 결혼연월이 언제인가에 따라 개인별로 측정된 분석시간이 달라진다. 또한, 한국노동패널이 1년마다 자료를 수집하지만 4월부터 9월까지 실사가 이루어지기 때문에 정확히 12개월씩 시차가 나는 경우는 드물다. 따라서 개인별 분석시간이 12개월 정도 차이가 나는 일반적인 현상을 발견할 수는 있지만, 그 외의 어떤 특정한 패턴을 찾기는 어렵다.

어 비례위험에 대한 기본 가정에 어긋나는 것처럼 보인다. 이러한 문제를 해결하기 위해 콕스 모형에 더하여 모수 모형parametric model의 하나인 와이블Weibull 모형을 추정했다. 다양한 모수 모형 중에 와이블 모형을 선택한 이유는 1) 이 모형을 사용하여 둘째 자녀 출산과 관련된 분석을 한 연구가 이미 있고(민현주, 2007), 2) 와이블 모형은 콕스 모형과 유사한 비례위험의 형태를 띠고 있으며, 3) 모수 모형을 추정하는 과정에서 우도 함수likelihood function에 대한 기여를 통해 시간별로 다른 효과를 가중평균weighted averaging 할 수 있을 것으로 생각했기 때문이다.

4. 사용자료 및 변수의 측정

동거 여부가 첫째 자녀 출산에 미치는 영향을 경험적으로 추정해보기 위해 우리는 1998년에서 2008년까지 수집한 『한국노동패널』 1~11차 자료를 사용한다. 『한국노동패널』은 노동시장 정책의 효과와 효율성을 이해하기 위하여 1998년부터 5,000가구와 가구원을 대표하는 패널표본 구성원을 대상으로 매년 시행되는 패널조사이며, 현재 11차까지 자료가 활용 가능하다(남재량 외, 2012). 『한국노동패널』은 참여가구에 소속된 모든 가구원에 대한 정보를 담고 있다. 그래서 각 가구의 구조와 부모와의 동거 여부, 자녀출산에 대한 정보 또한 접근 가능하여 본 연구의 문제의식을 해결하는 데 매우 적합한 자료이다.

먼저 처음으로 결혼한 여성을 추출하기 위해 결혼상태 변화에 관한 변수를 이용하여 결혼연도와 결혼한 달에 관한 정보를 얻었다. 여기서는 결혼상태에 있는 여성만이 분석대상이 되기 때문에 결혼 후 별거를 했거나 이혼 또는 사별한 경우 우측절단right-censoring을 했다. 부모와의 동거 여부는 가구원에 대한 조사 자료에서 측정했다. 가구자료에서 가구주를 기준으로 작성된 가구관계 변수를 이용하면 결혼한 여성이 친정부모 혹은 시부모와 거주하는지를 알 수 있다. 자녀출산에 대한 정보 역시 가구자료에서 얻었다. 가구자료에는 각 가구 구성원의 생년월일이 기재되어 있고 가구에 새로 들어온 사람을 묻는 항목과 가구에 신규 추가된 이유를 묻는 항목이 있어 이를 활용했다. 또한, 이들의 출산순위를 알 수 있는 정보와 가구주와의 관계에 대한 문항들이 있어 누구의 자녀인지를 파악하기가 어렵지 않다. 적지 않은 수의 자녀가(약 14%) 결혼 후 7개월 이전에 태어났는데 여기서는 결혼 후 부모동거의 효과를 살펴보는 것이 주목적이기 때문에 이에 해당하는 경우는 분석에서 제외했다.

이 장에서처럼 관찰 자료observational data 분석을 통해 인과적 추론causal inference 방법을 이용하는 연구에서 가장 중요한 것은 혼동변수confounding variables를 통제하는 일이다(Rosenbaum, 2002). 예를 들어 여성의 교육 수준은 여러 가지 측면에서 부모 동거와 첫째 자녀 출산에 영향을 미칠 것으로 예측할 수 있다. 결혼시장에서 교육에 따른 동질 혼homogamy이 반복된 관측이라는 점을 고려한다면(이명진, 2000), 여성의 높은 교육 수준은 남편의 높은 교육수준과 연관이 있을 것이고(장상수, 1999) 따라서 이들의 교육과 잠재적 소득 수준을 고려해 보면, 이들이 부모와 동거할 가능성은 작을 것이다. 또한, 1998년 이후 부부의 교육 수준이 높아질수록 출생아 수가 증가하다 대학졸업자에서 약간 떨어진다는 김두섭(2007)의 연구는 일반적으로 여성의 교육 수준이 출산력에 양의 방향으로 영향을 미친다는 점을 보여준다. 이 경우 여성의 교육 수준을 통제하지 않으면 부모동거 효과에 관한 추정치는 음의 방향으로 편의bias될 것이다.

이러한 측정되지 않은 변수에 의한 편의unobserved variable bias를 극복하기 위해 우리는 다음과 같은 변수를 통제했다. 최근 코호트로 올수록 확대가족에 대한 선호가 떨어지고(권태환·박영진, 1995; Kim, C-S., 2004) 자녀출산에 대한 가치가 떨어진다(김태헌, 2005; 김승권, 2004)는 연구결과에 따라 여성과 남편의 생년을 통제했으며 이들 변수를 연속변수로 취급했다. 여성의 결혼 연령 또한 연속변수로 보고 통제했다(김정석, 2007; 공선영, 2006; 김승권, 2004). 앞서 기술한 것처럼 여성과 남편의 교육은 중요한 혼동변수라고 생각되어 이들을 통제했다. 여성과 남편의 교육은 세 범주(고졸 미만, 고졸, 대학 이상)로 나누었으며, 고졸 미만을 준거 집단reference category으로 한 지수변수indicator variable를 구성해 분석에 사용했다. 친정어머니의 교육 수준과 시어머니의 교육 수준 또한 유사한 방식으로 통제했으며(박경숙·김혜영, 2003) 이들 변수가 결측값을 가질 때는 각각 친정아버지와 시아버지의 교육 수준으로 대체했다. 두 값 모두 결측일 경우에는 아래에서 설명하는 것처럼 다중 대체법multiple imputation을 사용했다. 여성의 형제·자매 수와 남편의 형제·자매 수는 연속변수로 취급했다(김현숙, 2007).

가구소득은 지난 1년간 소득을 측정한 문항을 이용했으며 0~2,000만 원 미만, 2,000~4,000만 원 미만, 4,000만 원 이상의 세 구간으로 나누어 범주화했다. 가구소득은 질문응답 시기를 기준으로 지난 1년간의 소득을 측정하고 부모동거는 응답시기를 기준으로 측정되었기 때문에 부모동거의 효과를 매개하는 소득효과를 통제함으로써 나타날 수 있는 과잉통제의 문제control-away bias는 발생하지 않을 것으로 사료된다(Rosenbaum, 2002).

거주형태 또한 범주형 변수로 취급해 월세와 전세, 자가, 기타 범주로 구성했다(김현식, 2012; 박수미, 2008). 여성이 거주하는 지역의 시군구별 구분을 범주형 변수로 만들어서 통제변수로 사용했다(김태헌 외, 2006; Kim, C-S., 2004).

『한국노동패널』과 같은 종단자료를 사용할 때 여러 변수에서 결측값이 나타나는 것은 극히 자연스러운 현상이다(남재량 외, 2012). 이 글에서는 이러한 결측 문제를 해결하는 데 다중 대체multipe imputation 방법을 사용했다. 스테이타(STATA)에서 다중 대체를 하는 ICE 명령문을 활용하여 5개의 다중 대체 자료를 만들고 MI 명령문을 사용해 분석을 진행했다(Royston, 2005; StataCorp, 2009). MI 명령문은 각 다중대체된 자료를 분석하고 흔히 루빈 법Rubin's rule이라 불리는 기법을 사용해 계수와 표준오차를 구한다. 한 사례라도 다중 대체를 거친 변수는 여성과 남편의 교육 수준, 친정어머니와 시어머니의 교육 수준, 여성과 남편의 형제·자매 수, 남편의 생년, 거주 중인 시군구였다. 다중 대체를 거칠 때, 위에서 설명한 변수의 특성에 따라 여러 회귀분석기법을 사용했다. 예를 들어 교육 수준은 순서형 로짓ordinal logit 모형을 이용했으며, 거주 중인 시군구는 다범주 로짓multinomial logit 모형을 이용했다. 간혹 응답 월이 기재되지 않은 사례들이 있었는데 임의로 7월로 설정했다.

5. 분석 결과

1) 기술통계

68쪽의 〈표1〉은 분석에 사용된 자료의 기술통계를 보여주고 있다. 지면의 한계 때문에 모든 변수에 대한 기술통계를 보여주는 대신 일부 범주형 변수를 선별했다. 또한, 다중 대체 전후의 기술통계를 모두 제시했는데 다중 대체 후의 통계는 5개의 다중 대체된 자료들의 평균을 구한 것이다. 〈표1〉에서 D열은 위험에 놓여 있었던 개월 수를 보여주고 있고 E열은 사건 수를 보여주고 있다. R열은 조 출생률과 유사한 개념으로 사건 수(E열)를 개월 수(D열)로 나누고 12×15를 곱하여 산출한 것이다. 이 수치는 우리의 자료에서

표1 분석 자료의 기술통계

변수	변숫 값	다중 대체 전(N=579)[1]			다중 대체 후		
		D[2]	E[3]	R[4]	D[2]	E[3]	R[4]
전체		10922	356	5.9			
친정어머니	비동거	10527	339	5.8			
	동거	395	17	7.7			
친정아버지	비동거	10547	340	5.8			
	동거	375	16	7.7			
시어머니	비동거	9935	338	6.1			
	동거	987	18	3.3			
시아버지	비동거	10478	349	6.0			
	동거	444	7	2.8			
가족 수	2인	8049	311	7.0			
	3인	1027	23	4.0			
	4인	911	8	1.6			
	5인 이상	935	14	2.7			
여성세대	가구주세대	9809	327	6.0			
	자녀세대	1113	29	4.7			
여성교육	고졸 미만	198	3	2.7	198	3	2.7
	고졸	3943	127	5.8	3947.8	127	5.8
	대학 이상	6758	226	6.0	6776.2	226	6.0
	결측	23	0	0.0			
친정어머니 교육	고졸 미만	7219	249	7419.2	254	6.2	
	고졸	2691	82	2731.2	82	5.4	
	대학 이상	759	20	771.6	20	4.7	
	결측	253	5				
남편교육	고졸 미만	106	5	122.6	5.2	7.6	
	고졸	2964	94	3174.6	104	5.9	
	대학 이상	7208	228	7624.8	246.8	5.8	
	결측	644	29				
시어머니 교육	고졸 미만	7500	230	8050.4	252.6	5.6	
	고졸	1993	74	2190.2	80.6	6.6	
	대학 이상	606	21	681.4	22.8	6.0	
	결측	823	31				
가구소득	2000만 원 미만	4627	159				
	4000만 원 미만	3867	137				
	4000만 원 이상	2428	60				
거주 형태	월세	3735	93				
	전세	5661	216				
	자가	856	24				
	기타	670	23				

1) 한 번이라도 관측된 여성의 수 2) 관측 월 수 3) 사건 수 4) 15년 단위 조 출생률

볼 수 있는 첫째 자녀 출산력과 같은 수준의 출산력을 15년간 유지한다면 얼마나 많은 자녀를 낳을 것인가를 의미한다.

〈표1〉의 주요 내용은 다음과 같다. 결혼 후 적어도 한 달이라도 자녀출산의 위험을 겪은 여성은 579명으로 나타났으며 이들은 모두 10,922개월 동안 위험에 노출되어 있어서 한 여성당 평균 18.9개월 동안 자녀출산 위험에 있었던 것으로 나타났다. 이들이 낳은 자녀는 총 356명으로 조 출생률은 약 5.9명이었다. 친정어머니 동거에 따른 기술통계를 살펴보면 전체 관측된 10,922개월 중 오직 395개월 동안, 즉 결혼기간의 3.6%만 친정어머니와 동거한 것으로 나타나 친정어머니와 동거가 그리 흔한 일이 아님을 보여준다. 친정아버지, 시어머니, 시아버지와의 동거기간은 각각 약 3.4%, 9.0%, 4.1%인 것으로 나타났다.

이는 한편으로는 친정부모보다 시부모와 동거하면서 보내는 기간이 길다는 것을 보여주고 있다. 다른 한편으로는 시아버지보다 시어머니와 동거하는 기간이 길다는 것을 보여주고 있기도 하다. 후자의 경우, 나이가 들면서 나타나는 남녀의 차별적인 사망력이나 이혼 때문에 혼자 사는 시어머니와 동거하는 경우가 많기 때문으로 보인다. 이들 변수에 따른 조 출생률의 차이를 살펴보면, 친정어머니와 동거하는 경우 그렇지 않을 때보다 조 출생률이 높았으며 친정아버지와 동거하는 때도 유사한 수치를 보여주고 있다. 이에 반해 시어머니, 시아버지와 동거하는 경우 눈에 띄게 조 출생률이 낮아지는 것을 볼 수 있다.

가족 수 관련 통계치는 관측 달수 중 2인 가구원이 73.7%를 차지하고 있다. 결혼 후 한 가구에 거주하는 가족 형태 중 부부 둘이서 거주하는 형태가 가장 널리 퍼져 있음을 보여준다. 조 출생률에서도 이들이 가장 높았으며 가족 수가 늘어나면서 조 출생률이 떨어지다가 5인 이상에서는 올라가는 모습을 보여주고 있다. 한편, 가구주 세대의 여성이 가구주 자녀 세대의 여성보다 훨씬 많았으며 이들의 출산율도 상대적으로 높은 것으로 나타났다. 여성의 교육 수준 관련 수치를 보면 대학 이상의 학력을 가진 여성이 가장 높은 비율을 차지하고 있고 고졸 미만보다 고졸과 대학 이상의 여성이 높은 출산율을 보여주었으나 고졸과 대학 이상 사이의 차이는 별로 크지 않다. 교육 수준과 관련해서는 결측 자료의 수가 그리 많지 않기 때문에, 다중 대체한 후의 기술통계 또한 다중 대체 전의 수치들과 크게 다르지 않다. 친정어머니의 교육수준과 관련해서는 고졸 미만이 가장 많았으며 이들의 출산력도 가장 높은 것으로 나타났다. 흥미로운 점은 결측 사례들이 적지 않음에도 다중 대체 후의 기술통계가 대중 대체 이전과 비교해 매우 유사하게 나타났다는 점이다.

남편의 교육 수준을 살펴보면 대학 이상이 가장 많고 고졸이 그 뒤를 따르고 있으나 조 출생률을 살펴보면 고졸 미만이 가장 높은 출산력을 보여주고 있다. 하지만 이들의 사례 수가 상대적으로 적기 때문에 어떤 확정적인 결론을 이끌어내기는 어려워 보인다. 시어머니의 교육수준은 친정어머니의 교육수준과 유사한 분포를 보이고 있으나 흥미롭게도 조 출생률을 보면 시어머니의 교육이 고졸일 때 가장 높은 출산력을 보이고 있다는 점에서 차이를 보이고 있다. 가구소득 관련 통계에서는 2,000만 원 미만 가족이 가장 높은 비율을 차지하고 있고 4,000만 원 미만 가족이 유사한 수치를 보이고 있으며 이들의 출산력 차이도 크지 않은 것으로 보인다. 이에 반해 4,000만 원 이상 가구 여성의 조 출생률은 약간 떨어지는 것으로 나타났다. 거주형태와 관련해서는 전세에 거주하는 여성이 가장 높은 비율을 보이고 있고 이들의 출산력도 가장 높은 것으로 나타났다.

〈그림1〉은 부모동거에 따른 출산 위험hazards의 분포를 보여주고 있다. 각 행은 어머니와 아버지를 구분하고 열은 친정과 시댁을 구분하고 있다. 예를 들어 첫 번째 행과 첫 번째 열의 그림은 친정어머니와 동거할 때와 그

그림1 부모동거에 따른 위험 분포*

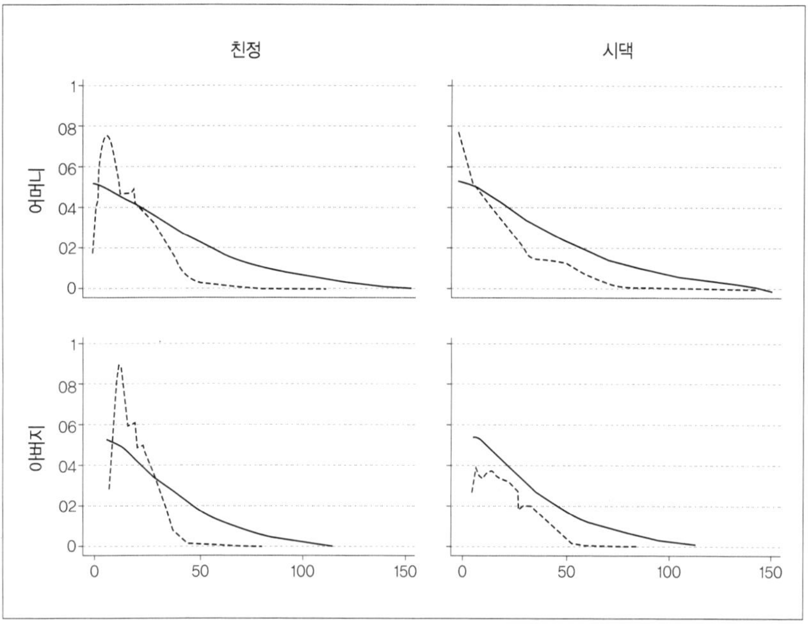

이미 앞서 지적한 것처럼, 출산위험이 분석시간별로 달라지는 현상은 통계 모형 설정에 중요한 함의를 지닌다. 출산위험이 모든 시기에 비례적이라는 콕스 모형의 기본가정과 어긋날 가능성이 존재하기 때문이다. 이러한 이유로 본 연구에서는 콕스 모형에 대한 대안으로 와이블 모형 추정결과를 함께 제시한다.

*곡선은 부모와 동거하지 않을 때의, 점선은 동거할 때의 위험을 의미한다.

렇지 않을 때의 위험분포를 보여준다. 그림에서 X-축은 분석시간 단위인 결혼 후 개월 수를 뜻한다.

〈그림1〉을 살펴보면 친정부모와 시부모와의 동거에 따른 자녀출산 위험이 달라지는 것을 볼 수 있다. 친정부모의 경우 결혼 후 처음에 높은 출산위험을 보이다가 시간이 흐르면서 위험이 떨어지는 것을 보여준다. 이 그림만 보면 결혼 후 약 20개월을 전후해서 친정부모와 동거하는 여성의 출산위험이 급격히 떨어지는 것을 볼 수 있다. 이는 이 시기에 친정부모와 동거하는 여성이 매우 적고 그 여성들이 자녀를 낳지 않았기 때문이다. 이렇게 시간이 지나면서 부모와 동거하는 여성의 수가 확연히 줄어드는 현상은 모든

사회에서 찾아볼 수 있다. 이에 대해 모건과 린드퍼스는 부모가 죽거나, 부모 혹은 자녀세대가 다른 지역으로 이동하거나, 많은 경우 자녀세대가 분가해 나가기 때문이라고 설명한다(Morgan & Rindfuss, 1984).

시부모와의 동거에 따른 출산위험을 살펴보면 시어머니와의 동거는 처음에는 출산확률을 증가시키는 것처럼 보이지만 시간이 지나면서 떨어뜨리는 것으로 나타났다. 이러한 변화의 원인에는 친정부모와 마찬가지로 여성 소수만이 부모와 동거하고 그들이 출산하지 않기 때문으로 판단된다. 이에 반해 시아버지와의 동거는 출산위험을 지속적으로 낮추고 있다.

2) 부모와의 동거 형태별로 다른 출산율

〈표2〉는 모형추정결과를 보여주고 있다. 모든 모형은 앞서 언급했던 혼동변수를 통제한 이후의 결과를 보여주고 있으며, 모형1은 부모동거 여부만을 넣었을 경우, 모형2는 부모동거와 가족원수를 넣었을 경우, 모형3은 부모동거와 여성의 세대를 넣었을 경우, 모형4는 모든 변수를 넣었을 경우의 추정 값을 보여주고 있다.

〈표2〉에서는 콕스 모형의 추정 값과 와이블 모형의 추정 값, 두 모형 사이의 통계적 유의미도가 크게 다르지 않다는 점을 볼 수가 있다. 따라서 이하에서는 콕스 모형의 추정 값만을 해석하기로 한다.

부모동거 여부만을 넣은 모형1에서의 계수를 살펴보면 친정부모와의 동거는 출산위험을 높이는 것으로 나타났지만, 시부모와의 동거는 출산위험을 줄이는 것으로 나타났다. 일례로 시아버지와 동거할 때의 계수 값은 -0.506으로, 이는 출산위험이 동거하지 않았을 때보다 exp(-0.506)=0.603배 낮아짐을 의미한다. 다시 말하면 약 40% 포인트 정도 위험이 낮아지는 것이다. 하지만 이들의 계수 값은 모두 통계적으로 유의미하지 않았기 때문에 부모동거가 첫째 자녀 출산에 미치는 영향은 없다고 볼 수 있다.

표2 모형추정결과

구분		모형 1		모형 2		모형 3		모형 4	
		계수	추정오차	계수	추정오차	계수	추정오차	계수	추정오차
COX 모형									
부모동거	친정어머니	0.094	(0.585)	1.327*	(0.674)	0.265	(0.633)	1.652*	(0.697)
	친정아버지	0.113	(0.619)	0.772	(0.662)	0.488	(0.656)	1.171 †	(0.691)
	시어머니	−0.330	(0.399)	0.597	(0.485)	−0.039	(0.478)	0.959 †	(0.580)
	시아버지	−0.506	(0.567)	0.744	(0.702)	−0.329	(0.599)	0.987	(0.720)
가족원수	3인			−0.748*	(0.316)			−0.787*	(0.326)
	4인			−1.972***	(0.472)			−2.004***	(0.470)
	5인 이상			−2.350***	(0.535)			−2.442***	(0.526)
여성세대	4세대					−0.542	(0.495)	−0.636	(0.521)
Weibull 모형									
부모동거	친정어머니	0.146	(0.515)	1.507*	(0.678)	0.332	(0.577)	1.811*	(0.710)
	친정아버지	0.157	(0.551)	1.000	(0.648)	0.417	(0.556)	1.303 †	(0.675)
	시어머니	−0.474	(0.423)	0.722	(0.524)	−0.250	(0.475)	1.013 †	(0.596)
	시아버지	−0.159	(0.607)	1.156	(0.741)	−0.015	(0.639)	1.348 †	(0.756)
가족원수	3인			−0.999***					(0.352)
	4인			−2.284***					(0.457)
	5인 이상			−2.765***					(0.528)
여성세대	4세대					−0.443	(0.475)	−0.540	(0.512)

p-value: †<0.1, *<0.05, **<0.01, ***<0.001

가족 구성원 수를 통제한 모형2의 계수 값은 모형1의 계수 값과 상당히 다른 결과를 보여주고 있다. 우선 친정어머니와의 동거 효과가 양의 값을 가지고 있으며 이는 일반적인 p-value 값인 0.05 수준에서 유의미했다. 이러한 결과는 친정어머니와 동거하는 여성이 자녀출산을 할 가능성이 크다는 주장을 뒷받침한다. 친정어머니와의 동거 효과는 그 크기에서도 매우 큰 것으로 나타나 동거하지 않았을 때보다 exp(1.327)=3.770배이며, 이는 출산위험이 2배 이상 높음을 의미한다. 시부모와의 동거 효과가 음의 값에서 양의 값으로 바뀌었다는 점도 눈여겨볼 만하다. 물론, 이 계수들이 통계적으로 유의미하지는 않았으나 그 크기가 절대 작지 않기 때문에 매우 흥미로운 결과라 할 수 있다.

이러한 결과들이 우리가 이론적 배경에서 발전시킨 입장들과 어떠한 연관성을 가졌는지 살펴볼 필요가 있다. 우선 친정아버지보다 친정어머니의 효과가 큰 것은 1) 부모의 경제적 도움보다는 자녀 돌봄과 같은 서비스 측면이 중요하기 때문이며, 2) 아버지는 때로는 손자에 대한 돌봄 조력자이기보다는 자녀의 돌봄이 필요한 사람이기 때문일 가능성이 있다. 또한, 3) 규범적 행위규제 이론에서 본다면 친정아버지보다 친정어머니와의 동거가 남편에게 더 편하기 때문으로 생각해볼 수 있다.

시어머니보다 친정어머니의 효과가 큰 것은 두 번째 가설이 옳았음을 입증한다. 이러한 결과는 몇 가지 측면에서 설명할 수 있다. 우선 시어머니와 동거하는 경우 시어머니 혼자 생존해 있기 때문에 시어머니를 모시고자 동거하는 경우가 많을 것으로 생각된다. 이 경우 시어머니는 돌봄 조력자이기보다는 여성의 도움이 필요한 사람이기 때문에 자녀출산을 억제하는 측면이 있다. 다른 한편으로 규범적 행위규제의 측면에서 본다면 시어머니와는 갈등 가능성이 커서 자녀출산 가능성이 작을 수 있다. 하지만 무엇보다도 시어머니와 친정어머니의 차별적인 효과는 사회적 거리social distance의 차이에 기인하는 것일 수 있다. 즉, 여성의 입장에서 자녀출산 및 양육과 관련해 어려운 일들이 생길 때 쉽게 연락하거나 부담 없이 도움을 요청하기에는 친정어머니가 상대적으로 더 편할 텐데, 이는 친정어머니와의 동거가 출산력을 높이는 방향으로 작용했을 것이다. 물리적인 측면에서 시어머니와 친정어머니의 돌봄 서비스가 다를 이유가 없다는 점에서 이러한 해석은 설득력이 더 높다.

한편, 가족 구성원 수를 통제하면 계수의 값은 물론 통계적 추론이 달라지는 분석결과에 대해 일부 독자들은 의아해할 수 있다. 이러한 결과는 두 가지 설명이 가능해 보인다. 먼저 이론적 배경에서 지적한 것처럼 효과의 이질성 때문에 가족 구성원 수에 따른 부모 동거의 효과가 편의 되어biased 있었으나 가족원수를 통제함으로써 제대로 된 총 효과가 나타나는 것일 수 있다. 다른 하나는 가족원수를 통제함으로써 부모 동거의 총 효과overall effects가 아닌 조건부 효과conditional effects를 추정했을 가능성이다.

이와 관련해서 가장 우려가 되는 점은 가족 구성원 수를 통제함으로써 규범적 행위규제의 효과를 통제했는데 이것이 부모동거의 부정적 측면을 없애고 긍정적 측면만을 부각시키는 것은 아닌가 하는 점이다. 예를 들어 규범적 행위규제는 2인 동거와 3인 동거를 비교할 때 가장 잘 나타날 수 있다. 즉, 가족 구성원이 3인 이상이라면 아내 또는 남편의 친 가족 중 일부와 함께 거주하는 경우를 의미하는데, 이는 규범적 행위를 촉진하는 기제로 작용하게 될 것이다. 따라서 가족원수 변수를 통해 2인 이상의 가족원수를 통제하게 되면 규범적 행위규제의 효과를 통제하게 되는 것과 마찬가지가 된다. 만약 이러한 우려가 사실이라면 2인 가족을 제외한 3인 이상 가족의 여성만을 분석했을 때는 상당히 작은 계수의 값이 나와야 할 것이다. 하지만 우리의 분석은 이러한 논의가 현실에 맞지 않는다는 사실을 보여준다. 3인 이상 가족만 분석했을 때, 친정어머니의 동거 효과에 관한 계수는 1.355로 나와 〈표2〉의 모형2에 제시된 계수보다 오히려 약간 커졌다.[6] 이는 가족원수를 통제했을 때 모형의 계수가 조건부 효과가 아닐 것이라는 추정을 강하게 뒷받침한다.

다시 〈표2〉로 돌아가면, 가족 구성원 수와 관련된 계수들은 모두 음

6 이 결과를 이 글에서 제시하지는 않았다. 관심 있는 독자는 제1저자에게 자료를 요청하면 쉽게 받을 수 있다.

의 값을 가지고 있으며 일반적인 수준(p-value <0.05)에서 통계적으로 유의미했다. 한 가지 눈에 띄는 점은 비단 2명 동거 대비 3명 동거 사이에만 효과가 있는 것이 아니라 3명 대비 4명 사이에도 효과의 차이가 있으며(p-value <0.01), 따라서 하한선 효과threshold effects만이 아닌 연속적 효과gradient effects로 나타나고 있다는 점이다. 이는 동거 가족원수가 증가하면 출산확률이 떨어진다는 것을 보여준다. 이러한 결과는 전통적인 사회에서 가족구성원의 수가 많을수록 많은 자녀를 출산하게 된다는 서구의 연구와 배치되는 한편(Sear & Coall, 2011), 현대사회에서 일반적으로 가족구성원의 수와 출산율 간에는 어떤 특정한 관계가 발견되지 않는다는 보고와도 차이가 있다(Morgan & Rindfuss, 1984). 이는 아마도 한국 사회에서 배우자의 친족들과 거주하는 경우, 자유로운 정서적 교류를 금기시하는 규범적 행위 규제의 효과가 크기 때문이 아닌가 생각해본다.

여성의 세대만 통제한 모형3의 계수들은 그 값들이 양의 방향으로 약간 증가했다는 것 외에는 첫 번째 모형의 결과와 큰 차이를 보이지 않는다. 또한, 여성의 세대를 나타내는 계수의 값도 그 값이 작지는 않지만, 통계적으로 유의미하지 않았다. 마지막 모형의 결과를 보면 모형2의 결과들과 매우 유사한 것을 볼 수 있으나 부모동거 관련 변수의 계수들이 커졌으며 시어머니와 친정아버지의 효과가 p-value 0.1 수준에서 유의미하게 나온 것을 볼 수 있다. 덧붙여 가족 구성원 수 관련 계수들의 절댓값도 모형2의 결과들보다 커졌다.

4. 요약 및 토의

한국에서 가족구성, 특히 부모와의 동거 여부가 출산력에 미치는 영향에 관한 연구는 매우 드물다. 이런 인식 하에 이 글에서는 두 변수 간의 관계를 이론적으로 발전시키고, 경험적 자료를 사용해 이를 검증하려 했다. 특히 이 글은 부모의 유형을 네 가지로 나누어 살펴봤다는 점에서 기존 연구보다 진일보한 측면이 있다. 이 글에서의 논의 결과를 요약하면 다음과 같다. 가족구조 관련 변수를 통제하지 않으면 친정어머니 혹은 친정아버지와의 동거는 첫째 자녀의 출산 확률을 높였고, 시어머니 혹은 시아버지와의 동거는 출산확률을 낮추었으나 이 모든 계수는 통계적으로 유의미하지 않았다. 가족구성원의 수를 통제하면 모든 부모와의 동거는 자녀출산 확률을 높였으나 오직 친정어머니와의 동거만이 통계적으로 유의미했다.

이러한 결과들이 앞서 발전시켰던 부모동거와 출산력 사이의 이론적 틀과 정책적 함의에 관해 어떠한 시사점을 던져주는지 논의할 필요가 있다. 우선 부모동거 효과는 부모의 돌봄 조력자로서의 역할에 가장 큰 영향을 받는 것으로 보인다. 비록 이론적인 면에서 규범적 행위규제와 같은, 출산력을 낮추는 요인이 존재하지만, 친정어머니와의 동거가 출산확률에 양의 방향으로 영향을 미쳤다는 것은 그만큼 조력자로서의 역할이 크다는 것을 암시한다. 또한, 친정아버지보다 친정어머니의 효과가 상대적으로 크다는 것은 경제적인 조력자의 역할보다는 돌봄 조력자의 역할이 중요하다는 것을 일깨워준다. 덧붙여 시어머니의 효과에 비해 친정어머니의 효과가 상대적으로 크다는 발견은, 출산확률상 중요한 것이 단순한 돌봄 조력자가 아니라 출산 여성에게 친숙한 돌봄 조력자라는 점을 암시한다.

이러한 논의는 우리의 연구가 비단 학술적 측면에서뿐만 아니라 사회정책적 측면에서도 기여하는 바가 있을 수 있음을 보여준다. 즉, 현재의 저출산 현상을 극복하려면 경제적인 유인을 제공하기보다는 출산 후 자녀 돌봄에 유리한 환경을 조성하는 방향으로 정책이 펼쳐져야 하는 셈이다. 물론 친정어머니가 제공하는 돌봄 서비스와 유사한 질의 돌봄 서비스를 정부나 민간에서 제공할 수 있을지는 의문의 여지가 있다(Scelza, 2009). 그럼에도, 우리가 유념해야 할 점은 돌봄 서비스에 대한 가임기 여성의 인식이 중요하다는 점이다. 즉, 절대적인 면에서 유사한 가치와 질을 지녔을 친정어머니와 시어머니의 돌봄 서비스 사이에 자녀출산 효과의 상대적 격차가 존재한다는 것은 여성에게 친숙하고 여성이 이용하기 편리한 돌봄 서비스가 핵심임을 말해준다. 따라서 현재 서비스의 질적 수준을 한층 더 끌어올리고 여성이 이러한 돌봄 서비스를 더욱 쉽고 친숙하게 이용할 수 있는 방향으로 제도를 개선하고 홍보할 필요가 있다.

이 글은 가족구조, 더 세부적으로는 부모와의 동거가 출산에 미치는 효과를 모두 파악해낸 연구라고 보기 어려운 면이 있다. 더 정밀한 분석을 위해서는 앞으로 아래와 같은 여러 방면에서 더 큰 발전이 있어야 하겠다. 일례로 가구소득 수준에 따라 부모동거의 효과는 다르게 추정될 수 있으며, 부모의 건강 상태에 따라서도 다르게 영향받을 수 있을 것이다. 이러한 부분을 탐구하는 것은 앞으로 돌봄 정책 개편에도 큰 의의가 있을 것으로 판단된다. 또한, 부모와의 동거 여부만이 아니라 부모의 생존과 부모와의 근린성近隣性이 가진 효과를 알아보는 것도 의미 있는 작업이 될 것이다. 덧붙여 부모와의 동거만이 아닌 다른 가족구조가 미치는 영향을 알아보는 것도 사회이론적으로 중요하다. 무엇보다 우리가 제시한 현재의 연구 틀을 다른 자료에도 적용해 이 글에서 제시한 연구 결과가 다른 자료의 결과와 일치하는지 알아볼 필요가 있다. 앞으로 가족구조나 부모 동거가 출산력에 미치는 효과에 관한 연구는 이러한 점을 충분히 고려해야 할 것으로 보인다.

제4장

신혼 초기 첫째 자녀 출산과 삶의 만족도*

김현식

1. 들어가며

2001년 1.3 미만으로 하락한 합계출산율이 이후 2011년까지 1.3 이상을 기록하지 못하면서 초 저출산lowest-low fertility 현상이 지속하고 있다(국가통계포탈, www.kosis.kr). 이러한 저출산 문제가 가져올 심각한 사회경제적 위기에 대한 인식이 확산하면서 저출산의 원인을 파악하고 이를 극복하고자 하는 노력이 다양한 방면에서 이뤄지고 있다(김두섭, 2007; 김승권, 2004; 김태헌·이삼식·김동회, 2006; 이삼식, 2011; 이삼식·최효진, 2010: 은기수, 2005). 이들 문헌을 검토해 보면 소少 자녀 출산을 선호하는 가치관의 변화, 미혼 및 만혼의 증가, 가구경제의 불안정, 자녀양육 비용의 증가 등이 저출산의 주요 원인으로 지목됐다.

다양한 요인 중에서도 경제의 침체에 따른 가구경제의 불안정 및 낮은 소득과 자녀양육비용의 증가는 개인적 수준에서 자녀출산을 미루게 하거

---

* 이 글은 2012년 『인구교육』에 발표되었던 논문(김현식, 「신혼 초기 첫째 자녀 출산과 삶의 만족도」, 『인구교육』 5권, 71~89)을 약간 수정한 것이다. 전재를 허락해주신 『인구교육』 관계자분들에게 감사의 말씀을 전한다.

나 아예 출산을 하지 못하게 하는 중요한 변수로 자리 잡고 있다. 일례로 『2009 결혼 및 출산동향조사』를 분석한 변용찬과 동료는 배우자가 있는 여성이 더는 자녀를 가지지 않으려는 주된 이유를 분석하면서 '계획한 만큼 낳아서' 또는 '나이가 많아서' 같은 비사회적 요인을 제외하면 '자녀양육 비용이나 교육비용이 많아서'라는 응답이 다수를 차지한 가운데 '소득이 낮아서', '고용상태의 불안정'과 '주택마련의 어려움'이 그다음으로 많음을 보여주고 있다(변용찬·김동회·이송희, 2010: 29).

한편, 자녀를 낳게 되면 위와 같은 요인들 때문에 삶의 만족도가 떨어질 것이라는 인식이 팽배해 있다. 이는 많은 여성이 자녀출산을 꺼리는 원인인 것처럼 보인다. 그렇다면 실제로 자녀를 낳은 사람들이 그렇지 않은 사람에 비해 불행하거나 삶의 만족도가 낮을 것인지 질문해볼 수 있다. 여기서는 이러한 문제의식에서 출발해 자녀출산이 삶의 만족도에 미치는 영향을 경험적으로 살펴보고자 했다. 출산이 삶의 만족도에 미치는 영향에 관한 연구는 직접적으로 한국의 저출산율에 대한 연구로서도 의미를 가지지만 한 가족의 사건이 가족의 지속성에 미치는 영향을 들여다볼 수 있다는 점에서도 중요하다. 나아가 개인적인 차원에서 출생한 자녀의 안정적인 성장에 도움을 주는 요소를 탐구한다는 점에서도 의의가 있지만, 사회적 측면에서 인적자원의 재생산이라는 면에서도 필요한 연구인 것으로 판단된다.

삶의 만족도에 미치는 요인들을 탐구한 논문들도 드물지만(일례로 김수완, 2010), 자녀출산과 양육이 여성의 삶의 만족도에 미치는 영향에 관한 연구 또한 드물게 이루어졌다. 예를 들어 우남희와 동료는 자녀양육과 교육실태에 관한 조사를 통해 출생에서 첫돌까지의 시기를, 자녀를 키우는 데 있어 가장 힘든 시기로 꼽았다는 발견을 보고하고 있다(우남희 외, 2009). 『한국아동패널』을 사용하여 영아기 자녀를 둔 여성의 취업 유무별 양육 스트레스를 살펴본 손수민은 비 취업모가 취업모보다 높은 양육 스트레스를 받고 있음을 밝히고 있다(손수민, 2012). 이러한 연구들이 지닌 학술적 가치가 작지 않다. 하지만, 그럼에도 자녀를 출산한 여성들만을 대상으로 분석을 시행했다는 데 한계가 있다. 하지만, 자녀를 낳은 여성의 만족도나 행복감의 변화를 살펴보는 것이 아니라 자녀를 낳은 사람과 그렇지 않은 사람 간의 차이를 살펴보는 것이 자녀 출산에 따른 삶의 만족도 변화를 이해하는 중요한 방법이다. 필자가 아는 한, 자녀출산이 삶의 만족도에 미치는 영향, 즉 자녀를 출산한 여성과 그렇지 않은 여성 간의 차별적 만족도에 관한 경험적 논문은 아직 없었던 것이라 생각된다.

이러한 문제의식에서 본 글은 출산에 따른 삶의 만족도 변화 문제를 처음 제기하고 기본적인 방법론을 제시했다. 또한, 하나의 전반적 만족도만 탐구하는 것이 아니라 여러 세부적인 영역에서의 만족도도 살펴봄으로써 다층적인 삶의 변화를 들여다보려 노력했다. 나아가 양육비용에 대한 부담이 양육 스트레스를 높이는 요인이라는 기존 연구에 착안하여(손수민, 2012), 가구소득에 따른 차별적인 만족도의 변화를 살펴봄으로써 정책적 함의를 지닌 분석을 했다. 이러한 노력에도 본 글은 여러 가지 지점에서 한계를 안고 있다. 그 중 하나가 결혼 초기 여성의 첫째아이 출산만을 대상으로 했다는 점이다. 그 외에도 자녀출산과 삶의 만족도에 대한 보다 폭넓고 심층적인 이해를 위하여 향후 연구가 나아가야 할 방향을 결론에서 제시했다.

2. 이론적 논의 및 기존문헌 검토

자녀출산이 여성의 삶의 만족도에 어떠한 영향을 줄 것인가를 생각해보았을 때 아마도 가장 중요한 인구학적 요인은 선별 효과selection effects인 것으로 생각된다. 선별 효과는 자녀를 낳는 사람들 삶의 만족도 차이가 자녀출산에서 오는 것이 아니라 자녀출산 이전부터 존재했던 것이라는 주장에 따른다. 즉, 삶의 만족도가 높은 여성이 만족도가 낮은 여성보다 자녀를 갖게 되는 경향이 커서, 자녀 출산에 따른 만족도가 두 집단 간에 유사하다고 하더라도 출산 전 만족도가 크기 때문에 출산 후에 만족도도 크게 나타나는 현상을 일컫는다. 그 때문에 출산 후의 만족도만 측정해 출산이 주는 만족도를 추정하는 것은 편의 된 추정치를 얻을 가능성이 크다. 이러한 부분에 대한 염려로 이 글에서는 두 시기 간의 만족도를 모두 측정하여 출산 이전의 만족도를 통제변수로 활용하는 패널자료분석의 기법을 사용할 것이다.

이에 반해 베커(Becker, 1960)로 대변되는 합리적 선택이론은, 개인은 주어진 예산제약하에 비용과 효용에 대한 신중한 계산을 바탕으로 합리적 선택을 한다는 점을 강조한다. 이러한 논의는 여성이 자녀를 출산하는 선택을 할 때 그 선택이 가져다줄 어려움을 고려하지만, 그 선택이 주는 효용 혹은 만족이 상대적으로 더 크다는 인식이 근간을 이루고 있다. 합리적 선택이론에 기반을 두어 자녀출산이 주는 만족도를 예측하기는 쉽지 않아 보인다. 이는 자녀출산을 선택하는 여성들이 자녀출산에 따른 만족도가 높아서 그런 선택을 하게 되고 반면 자녀출산을 선택하지 않는 여성은 자녀를 낳지 않음으로써 얻을 수 있는 상대적 효용이 크기 때문에 출산을 꺼리게 되어 결국 어느 집단의 효용이 큰 것일지에 관한 이론적 예측은 두 집단 효용의 상대적 크기에 달렸다. 또한, 합리적 선택이론은 자녀출산에 대한 선택을 설명하는 하나의 틀이 될 수는 있지만 실제로 그러한 합리적 선택이 가져올 영향에 대해서 모든 행위자들이 출산 전에 인지할 수 있는가의 문제가 있다. 따라서 이 이론으로 출산만족도를 예측하는 데는 일정한 한계가 존재하는 것으로 보인다.

몇몇 진화생물학evolutionary biology에서의 논의들은 인간이 진화해오면서 내재화한 사회생물학적 특성의 존재가 적어도 한 명의 자녀를 출산하게 한다고 주장한다(Foster, 2000). 포스터의 논의로는 여성은 역사적으로 누군가를 '키우려는 욕구need to nurture'를 발달시켜 왔고 이 때문에 자녀를 출산하게 된다고 주장한다. 포스터의 논의는 현재의 저출산 현상이 최저점에 이르렀다는 것을 설득하기 위해 발전한 것이지만, 정말로 누군가를 키우려는 욕구가 존재한다면 자녀를 키우면서 갖는 만족도가 적지 않을 것이라 예측해 볼 수 있다. 따라서 이러한 논의는 자녀출산이 삶의 만족도에 긍정적 영향을 줄 것이라는 가설을 지지한다.

1970년대에서 80년대에 걸쳐 미국의 많은 연구가 자녀출산과 주관적 행복의 부정적 상관관계를 보고하면서 이에 대한 많은 이론적 논의들이 있었다(McLanahan & Adams, 1987). 맥러리안과 아담스는 기존의 경험적 연구를 이론적으로 정리하면서 역할 축적role cumulation과 역할 부담role strain이라는 두 가지 이론적 입장을 정리하고 있다. 역할 축적 이론은 보다 많은 역할을 얻게 됨으로써 자기정체성과 자아존중감을 얻을 가능성이 많아지기 때문에 자녀출산은 긍정적 영향을 미칠 것으로 예측한다. 이에 반해 역할 부담 이론은 역할 과잉role overload과 역할 갈등role conflict으로 나뉠 수 있는데 전자는 여러 역할에서 오는 기대가 쌓이면서 이를 모두 충족시킬 수 없기 때문에 주관적 만족도가 떨어진다고 예측하는 반면 역할 갈등은 둘 이상의 상반되는 역할들을 줌으로써 여성은 그 역할들 사이에서 갈등하게 되고 이는 주관적 만족감의 감소를 가져오게 된다고 예측한다. 맥러리안과 아담스는 이 중 역할 과잉이 자녀출산에 따른 만족도의 저하를 설명하는 가장 좋은 이론임을 주장하고 있다. 신생아기 자녀를 키우기가 가장 어렵다는 한 연구의 보고를 되새겨볼 때(우남희 외, 2009), 한국의 상황을 설명하는 틀로서도 역할부담 이론이 역할축적 이론보다 우세한 것으로 생각된다.

마지막으로 자녀출산과 주관적 만족도의 관계를 살펴볼 이론적 틀로 경제적 부담감의 증가를 들 수 있다. 자녀를 낳고 키우는 데 경제적 비용이 수반된다는 사실은 논란의 여지가 없다. 자녀를 입히고, 먹이고, 건강을 유지하기 위해 드는 경제적 비용은 가계의 지출에 상당한 부담이 되고 이는 부모들의 만족도에 부정적인 영향을 줄 수 있다. 일례로, 로스와 후버(Ross & Huber, 1985)는 어린 자녀의 존재가 경제적 어려움에 대한 인식을 증가시켜 우울증depression을 높이지만 경제적 어려움을 통제하면 자녀의 존재가 여성의 우울증을 감소시킨다고 보고하고 있다. 한국에서도 유사한 연구를 볼 수 있는데, 손수민(2012)은 자녀를 키우면서 받는 양육 스트레스 중 양육 비용 부담이 가장 크다는 점을 밝혔다.

이러한 논의에 기반을 두어 이 장에서는 다음과 같은 두 가지 가설을 제시하고 경험적 자료를 활용하여 이러한 가설들을 검증한다. 첫째, 여성의 자녀출산은 주관적 만족감을 떨어뜨린다. 앞서 제시한 것처럼 본 글은 여타의 주장들보다 역할 갈등의 이론이 보다 설득력이 있다는 인식하에 자녀출산이 주관적 만족감을 떨어뜨리리라 예측한다. 하지만 이러한 자녀출산의 효과는 모든 집단에서 동질적일 것으로 생각되지 않는다. 본 글에서는 특히 가구소득에 따른 만족도의 차이를 살펴보고자 한다. 우리의 두 번째 가설은 다음과 같다. 자녀출산이 주는 만족감은 가구소득에 따라 달라지는데 높은 가구소득을 얻는 가구에 거주하는 여성의 만족감이 높을 것이다. 여러 문헌들은 자녀출산과 양육에서 가장 큰 부담은 경제적이라고 예측한다. 이런 면에서 경제적 자원이 많은 고소득층에서는 자녀출산에 대한 만족도가 높을 것이고 저소득층은 자녀출산에 따른 만족도가 부정적이지는 않더라도 고소득층보다 떨어질 것이라고 생각된다.

3. 연구의 방법론

여기에서는 앞서 제시한 이론적 논의들이 한국의 현실에 맞는가를 검증하기 위해 최소자 승least squares 모형을 사용한다. 잠시 뒤에 살펴볼 것처럼 삶의 만족도에 대한 질문들이 종속변수로 활용됐다. 원래 이 질문들은 '매우 만족'과 '매우 불만족'을 포괄하는 리커트Likert 5점 척도로 구성돼 있어 이를 연속변수로 보고 최소자승법을 사용할 것이다. 여기에서 적용한 최소자승법의 기본모형은 다음과 같은 식으로 나타낼 수 있다.

$$Y_2=\beta_1 C+\beta_2 Y_1+\rho_1 I^1{}_1+\rho_2 I^2{}_1+X_1{}^T\alpha+\varepsilon \quad (1)$$

위의 식에서 Y는 특정영역의 만족도를 나타내고 아래 첨자는 각 변수가 측정된 시기를 나타낸다. 수식(1)에서 특징적인 것은 두 시점에 측정된 만족도를 활용한다는 것이다. 풀어 말하면 첫째 년도에 측정된 만족도가 설명변수로 들어가 있고 둘째 년도에 측정된 만족도가 종속변수로 설정돼 있다. 이는 사전-사후 연구설계pre-and post-test study design의 기본 특징이다. 이러한 연구설계의 기본적인 이유는 첫째 년도에 측정된 만족도가 자녀출산에 영향을 미치고 또한 둘째 년도의 만족도에 영향을 미친다는 이론적 가설 때문이다. 즉, 삶의 만족도가 높은 사람들이 아마도 자녀를 출산할 확률이 높아서 이러한 선별 효과selection effects를 통제하기 위하여 첫째 년도에 측정된 만족도를 통제변수로 사용한다.

자녀출산 여부를 뜻하는 *C*변수에는 아래 첨자가 붙어 있지 않다. 이는 자녀출산이 첫째 년도와 둘째 년도 사이에서 이뤄졌기 때문이다. 따라서 이 글의 기본적인 관심은 *C*변수와 연관된 계수인 β_1의 크기 및 통계적 유의미 도에 맞춰져 있다. *I*는 가구소득을 뜻하는데 이는 세 가지 범주로 이루어진 변수이기 때문에 위첨자를 사용해 0의 값을 가지는 범주에 대비되는 1 혹은 2의 값을 가지는 지수변수indicator variable로 설정됐다. X는 첫째 년도에서 측정된 만족도와 가구소득을 제외한 혼동변수를 뜻하고 이와 연관된 위첨자 T는 전치transpose를 의미한다. ϵ는 최소자승법에서 기본적으로 사용되는 잔차residuals로, 이에 대한 여러 가정들은 예를 들어 드레이퍼와 스미스의 책(Draper and Smith, 1997)에 상세히 기술되어 있다.

자녀출산이 주는 만족도가 가구소득에 따라 달라진 수 있다는 가설을 검증하기 위해 다음과 같은 상호작용 항interaction terms을 구성한다.

$$Y_2 = \beta'_1 C + \beta'_2 Y_1 + \rho'_1 I^1_1 + \rho'_2 I^2_1 + \delta_1 I^1_1 C + \delta_2 I^2_1 C + X_1^{T} \alpha' + \epsilon' \quad \cdots\cdots\cdots\cdots\cdots\cdots \quad (2)$$

수식(2)에서 우리의 관심은 δ_1과 δ_2의 크기와 통계적 유의미 도에 있다. 이 계수들을 통해 우리는 가구소득의 기본범주baseline category에 속한 사람들이 자녀출산으로 얻는 만족에 비해 이들 범주에 속할 때 자녀출산이 주는 만족도가 얼마나 커지거나 작아지는지를 추정하게 된다.

4. 자료 및 측정

자녀출산이 주는 만족도를 경험적으로 추정해보기 위해 여기서는 『한국노동패널』 자료를 사용했다. 『한국노동패널』은 노동시장 정책의 효과와 효율성을 이해하기 위하여 1998년부터 5,000가구와 가구원을 대표하는 패널표본 구성원을 대상으로 해마다 실시하고 있으며 현재 11차까지 자료 활용이 가능하다(남재량 외, 2012). 『한국노동패널』은 참여가구에 소속된 모든 가구원에 대한 정보를 수집하고 있기 때문에 각 가구의 자녀출산에 대한 정보 또한 접근 가능하여 이 장의 문제의식을 살펴보는 데 매우 적합한 자료이다. 여기서는 3차부터 11차년도의 자료를 활용했다. 초혼을 파악할 수 있는 더욱 정밀한 문항들이 3차년도부터 측정됐기 때문이다.

자녀출산에 대한 정보는 가구조사에서 얻었다. 가구조사에서는 가구에 새로 들어온 사람을 묻는 항목과 가구에 신규 추가된 이유를 묻는 항목이 있어 이를 활용했다. 또한, 이들의 출산순위를 알 수 있는 정보와 가구주와의 관계에 대한 문항들이 있어 누구의 자녀인지 파악하기가 어렵지 않았다. 이 글에서는 첫째 자녀의 엄마를 찾고 나서 이들 엄마의 만족도가 어떻게 변하는지를 관찰한다. 자녀출산을 조작화하는 방식에 대해 보다 세부적으로 기술하면 다음과 같다.

우선 『한국노동패널』 3차년도 이후의 각 연도에서 지난 연도 조사와 비교해 결혼상태가 변화했으며 초혼을 했다는 응답에 답한 여성들만을 추렸다. 따라서 분석자료에 속한 여성은 최소한의 혼인기간이 0이 되며 통상 양수의 값을 가지고 있다 (0은 응답한 달에 결혼한 경우). 그리고 혼인 기간이 12개월이 넘은 여성은 본 분석에서 제외했는데 이는 혼인기간이 증가할수록 여러 부분에서 만족도가 떨어질 것으로 생각하여 보다 동질화된 대상을 얻기 위해서이다(McLanahan & Adams, 1987). 이렇게 고른 여성들 중 다음 해의 조사까지 자녀를 출산한 경험이 있는가를 조사했다. 따라서 이 장은 여성이 결혼하고 인터뷰를 시행한 첫해와 그다음 해의 조사자료를 활용한 2개 년도에 걸친 연구이다. 이런 이유로 『한국노동패널』은 11차까지 사용 가능하지만 결혼한 여성은 10차년도까지의 자료에서만 모았다.

『한국노동패널』에서는 1차년도부터 다양한 영역에서의 생활만족도를 측정하고 있다. 이 장에서는 이들 중 여가생활에 대한 만족도(여가만족도), 주거 환경에 대한 만족도(주거만족도), 가족관계에 대한 만족도(가족만족도), 친인척 관계에 대한 만족도(친척만족도), 사회적 친분 관계에 대한 만족도(친분만족도), 전반적인 생활에 대한 만족도(생활만족도)의 변화를 살펴볼 것이다. 각 항목의 선택지는 '매우 만족스럽다'(1)에서 '매우 불만족스럽다'(5)에 이르는 5점 척도로 구성되어 있으나 이 글에서는 이를 다시 설정해 '매우 불만족스럽다'가 0의 값을 가지고 '매우 만족스럽다'는 선택이 4의 값을 가지도록 구성했다. 따라서 계수가 양의 값을 가지면 만족도를 높이는 것으로, 음의 값을 가지면 만족도를 낮추는 것으로 해석할 수 있다.

이 글에서는 더욱 강건한 결론을 도출하기 위해 다양한 혼동변수를 다음과 같이 통제했다. 나이는 연속변수로 측정됐으며 나이에 따른 만족도의 변화가 선형이라기보다는 곡선의 형태를 띨 것이라는 생각에서 나이의 제곱 또한 분석에 포함했다. 여성의 노동시장 참여는 자녀출산과 삶의 만족도 모두에 영향을 줄 것이라 보고 분석에 포함했다[(0): 비참여, (1): 참여]. 주거 형태는 네 범주를 갖는 변수로 측정되었으며 (0): 자가, (1): 전세, (2): 월세, (3): 기타의 값을 가지고 있고 이들은 0을 기본범주로 하는 지수변수로 변환됐다. 가구소득 또한 범주형 변수로 측정됐는데 0~1,200만 원 미만이 0의 값을, 1,200~3,600만 원 미만이 1의 값을, 그리고 3,600만 원 이상은 2의 값을 가지고 있으며 이들 또한 0을 기본범주로 하는 지수변수들로 전환됐다. 가구소득은 2006년의 원화가치로 환산되고 나서 범주형 변수로 전환됐다는 점을 밝힌다. 가구구성원은 2인 이하와 3인 이상으로 나뉜 범주형 변수로 구성됐다. 여성의 교육 정도는 고등학교 이하(0), 대학재학(1), 대학졸업 이상(2)으로 나누었으며 0을 기본범주로 하는 지수변수들로 분석에 활용됐다. 거주지는 시군구를 이용했으면 시를 기본범주로 설정하고 나서 지수변수를 만들었다. 결혼기간 또한 자녀출산과 만족도 모두에 영향을 미칠 것으로 보이기 때문에 첫째 년도 조사가 이뤄질 때까지의 결혼기간을 측정해 연속변수 형태로 통제됐다.

자료가 패널형식으로 구성돼 있기 때문에 여러 변수에서 결측 값이 나타나는 것은 극히 자연스러운 현상이다. 이 글에서는 이러한 결측 문제를 해결하기 위해 다중 대체multiple imputation 방법을 사용했다. 스테이타STATA에서 다중 대체를 하는 ICE 명령문을 활용해 5개의 다중 대체 자료를 만들었고 MI 명령문을 사용해 분석을 진행했다(Royston, 2005; StataCorp, 2009). MI 명령문은 각 다중 대체된 자료를 분석하고 흔히 루빈법이라 불리는 기법을 사용해 계수와 표준오차를 구한다. 다중 대체를 거칠 때 위에서 설명한 변수의 특성에 따라 여러 회귀분석기법을 사용했다. 예를 들어 거주 형태의 결측 치를 다중 대체할 때는 다범주 로짓 모형을 이용했다. 만족도는 최소자승법을 사용해 다중 대체했기 때문에 0과 4 사이의 정수 값을 가지지 않는 값들이 나오게 된다. 이 경우 가장 근접한 0과 4 사이의 값으로 변환시켜 분석에 넣었다. 또한, 둘째 년도에 응답하지 않았으면 조사 월을 알 수가 없는데 임의로 7월에 응답한 것으로 설정했다.

5. 분석결과

1) 기술통계

90쪽의 〈표1〉은 이 글에서 사용된 분석 자료의 기술통계를 보여주고 있다. 이 글은 한국노동패널 3차에서 10차년도 사이에 처음 결혼했다고 응답하고 위에서 기술한 여러 조건에 맞는 429명의 여성을 분석대상으로 정했다. 한 가지 미리 언급할 내용은 사례 수가 적어 통계적 검증력statistical power이 떨어지기 때문에 통계적 유의미도 검증이 쉽지 않다는 것이다. 예를 들어 생활만족도를 살펴볼 경우, 다중 대체된 5개 각각의 자료를 사용하여 통계적 검증 시험power test을 한 결과 다른 혼동변수를 통제했을 때 자녀출산의 차별적 만족도를 찾을 수 있는 확률이 0.061에서 0.080에 이르렀다(Cohen,

표1 분석 자료의 기술통계*

변수	N1)	변숫 값	M/F2)	V/P3)	Mn4)	Mx5)	Mper6)	M/P7)
자녀출산	429	0: 출산안함 1: 출산	250 176	58.3 41.7			0.0 0.0	58.3 41.7
여가만족도(1)	428		2.2	0.5	0	4	0.2	2.2
여가만족도(2)	375		2.1	0.6	0	4	12.6	2.1
주거만족도(1)	428		2.5	0.4	0	4	0.2	2.5
주거만족도(2)	375		2.4	0.5	0	4	12.6	2.4
가족만족도(1)	428		2.9	0.3	1	4	0.2	2.9
가족만족도(2)	375		2.8	0.3	1	4	12.6	2.8
친척만족도(1)	428		2.6	0.3	0	4	0.2	2.6
친척만족도(2)	375		2.7	0.3	1	4	12.6	2.6
친분만족도(1)	428		2.6	0.3	1	4	0.2	2.6
친분만족도(2)	375		2.6	0.3	1	4	12.6	2.5
생활만족도(1)	428		2.6	0.3	1	4	0.2	2.6
생활만족도(2)	375		2.5	0.3	1	4	12.6	2.5
연령	429		27.9	13.8	20	53	0.0	27.9
연령 제곱	429		791.2	57500.2	400	2809	0.0	791.2
노동시장 참여	429	0: 비참여 1: 참여	195 234	45.5 54.5			0.0 0.0	45.5 54.5
주거형태	428	0: 자가 1: 전세 2: 월세 3: 기타	115 254 29 30	26.9 59.3 6.8 7.0			0.2 0.2 0.2 0.2	26.9 59.3 6.8 7.1
가구소득	429	0: 1200미만 1: 3600미만 2: 3600이상	165 188 76	38.5 43.8 17.7			0.0 0.0 0.0	38.5 43.8 17.7
가구구성원	429	0: 2인 이하 1: 3인 이상	379 50	88.3 11.7			0.0 0.0	88.3 11.7
여성교육	428	0: 고교 이하 1: 대학 재학 2: 대학 졸업	149 20 259	34.8 4.7 60.5			0.2 0.2 0.2	34.8 4.7 60.5
시군구	427	0: 시 1: 군 2: 구	141 16 270	33.0 3.7 63.2			0.5 0.5 0.5	33.0 3.8 63.2
결혼기간(월)	429						0.0	6.2

*원 사례 수는 429개이다. 변수 행에서 괄호 안의 수는 측정연도를 의미한다. 1) 사례 수, 2) 평균 혹은 빈도, 3) 분산 혹은 백분율, 4) 최솟값, 5) 최댓값, 6) 결측 자료의 백분율, 7) 다중 대체된 5개 자료의 평균 혹은 백분율. 1)부터 5)까지는 다중 대체를 사용하기 전 모든 사례 수를 포함한 변수별 분포이다.

1988). 이는 실제 현실에서 생활만족도가 차별적이더라도 이러한 차별적 만족도를 현재의 분석 자료에서 찾아낼 확률은 가장 높았을 때 0.08에 지나지 않는다는 뜻이다. 거꾸로 흔히 사용하는 0.8의 확률로 검증할 때 필요한 사례 수는 적어도 13,616개인 것으로 나타났다. 따라서 여기서 제시하는 통계 결과에서 통계적 유의미성을 해석할 때는 매우 주의해야 할 것이다.

이 장의 자료에 포함된 429명 중 다음 년도 응답 시기까지 자녀를 출산한 여성은 179명인 41.7%로 나타났다. 첫 번째 응답에서 두 번째 응답까지의 시간을 1년이라고 보면 결혼 2년 이내에 아이를 출산할 확률은 41.7%인 것으로 해석할 수 있다. 만족도에 관한 부분을 보면 첫째 년도에는 오직 한 명에서만 결측 값이 관찰된 데 비해 둘째 년도에서는 약 12.6%에서 결측 값이 관측됐다. 하지만 다중 대체 전후의 평균을 비교해보면 그리 큰 차이를 보이는 것 같지는 않다. 만족도와 관련해서는 첫째 년도의 만족도가 둘째 년도에 비해 약간 높은 것을 볼 수 있다. 또한, 여가 만족도가 다른 여타의 만족도에 비해 낮으며 가족만족도는 상대적으로 높은 것으로 나타난다. 이러한 관찰은 아마도 자녀를 낳지 않았을 때와 비교해 자녀를 낳았을 때 얻게 되는 영역별 만족도를 반영한 것으로 보인다.

분석 자료에 포함된 여성의 평균연령은 27.9세로 매우 젊은 축에 속한다. 결혼을 했는데도 불구하고 노동시장에 참여하는 여성은 54.5%로 다수를 이루고 있다. 많은 여성이 전세에 살고 있는데, 자신의 집에 사는 여성도 26.8%에 달한다. 가구소득도 상당히 높아서 지난 한 해 동안 1,200만 원 이상 3,600만 원 이하의 소득을 올린 여성이 가장 많았다. 가구구성원의 수를 보면 2인 이하의 가구원들과 사는 여성이 88.3%에 달해 배우자와 둘이서 사는 여성이 다수를 이루고 있음을 알 수 있다. 시군구별로는 구에 사는 여성이 가장 많다. 처음 조사시기까지의 평균 결혼기간을 보면 약 6.2개월이다. 사례 포함기준이 0과 12개월 사이라는 것을 고려할 때, 분석 자료에 속

표2 생활만족도에 대한 모형 추정결과

변수		계수	표준오차	R^2 증가
자녀출산	1: 출산	0.005	(0.066)	0.000
생활만족도(0)		0.238 ***	(0.060)	
연령		0.150 †	(0.082)	
연령 제곱		-0.002	(0.001)	
노동시장 참여	1: 참여	0.104 †	(0.062)	
주거형태	1: 전세 2: 월세 3: 기타	-0.115 -0.074 -0.128	(0.080) (0.167) (0.139)	
가구소득	1: 3600미만 2: 3600이상	-0.084 0.030	(0.069) (0.096)	
가구구성원	1: 3인 이상	-0.059	(0.104)	
교육	1: 대학 재학 2: 대학 졸업	0.158 0.142 *	(0.187) (0.070)	
시군구	1: 군 2: 구	0.055 0.002	(0.190) (0.067)	
결혼기간		0.011	(0.010)	
절편(intercept)		-0.488	(0.010)	
R^2		0.150	(1.156)	

*P-value: †<0.1, *<0.05, **<0.01, ***<0.001

한 여성의 결혼기간이 균형 잡힌 분포를 이루고 있음을 짐작할 수 있다.

2) 모형추정 결과

아마도 여러 종속변수 중 가장 관심이 많이 가는 결과는 생활만족도일 것이다. 따라서 생활만족도를 설명하는 모든 혼동변수와 자녀출산과 연관된 모형추정 값을 〈표2〉에 제시했다.

이 모형의 결과를 보면 자녀출산과 연관된 계수의 값은 0.005로 나타났는데, 통계적으로 유의미하지 않았다. 앞서 지적한 것처럼 이 글의 자료에서 통계적 검증력이 낮아서 통계적 유의미 성의 결과를 중시하지 않는다고

하면 자녀출산의 영향을 파악할 수 있는 다른 통계치가 필요하다. 최소자승법에서 어떤 주어진 모형의 설명력을 설명하는 데 가장 많이 쓰이는 통계치는 R^2일 것이다. 이를 살펴보려면 〈표2〉의 맨 오른쪽 열에 R^2의 증가세를 보여주고 있는데 이는 자녀출산이라는 변수가 포함되기 이전과 비교해서 그 변수가 포함되었을 때 R^2의 증가분을 보여주는 것이다. 그리고 맨 마지막 행의 R^2는 모든 변수가 포함되었을 때의 수치를 보여주고 있다. 이를 보면 모든 변수가 포함됐을 때 평균 부분의 15.0%의 분산이 이 모형으로 설명되는 것으로 나타났다. 또한, 자녀출산이라는 변수를 포함하면 이전 대비 0.0%로, 아무런 설명력도 늘어나지 않았다. 이러한 수치의 변화는 자녀출산이라는 변수가 그리 큰 영향을 주고 있는 것은 아니라는 생각을 지지하는 것처럼 보인다. 또 다른 해석방법은 효과의 크기effect size를 살펴보는 것이다. 이는 계수의 값을 살펴보는 것인데 여기에서 계수의 값은 0.005로 나타났다. 이는 생활만족도에 대한 분산이 0.3이라는 것(〈표1〉 참조)을 고려하면 매우 낮은 수치로 보인다. 모든 면에서 자녀출산은 전반적 생활만족도에 긍정적인 영향을 미치는 것처럼 보이지만 그 영향은 미미한 것으로 생각된다.

많은 독자들은 생활만족도 이외의 변수와 연관된 계수들이 어떤 의미가 있는가를 알고 싶을 것이다. 하지만 인과적 추론causal inference의 관점에서 다른 변수의 계수를 해석하는 데는 문제가 있다. 무엇보다 다른 모든 변수는 자녀출산 변수의 혼동변수로 설정돼 있다. 이는 다른 모든 변수가 자녀출산이라는 변수에 영향을 미친다는 가정을 포함한다. 따라서 다른 변수의 계수는 총 효과overall effects가 아닌 조건부 효과conditional effects로 해석될 수 있다. 예를 들어 교육에 있는 계수는 고등학교 이하의 학력과 비교한 총 효과를 보여주는 것이 아니라 자녀출산 변수를 통제했을 경우의 조건부 효과를 보여주는 것이다. 따라서 이는 교육의 총 효과로 해석돼서는

표3 종속변수별 출산의 전체효과 추정결과

종속변수	계수	표준오차	R^2	R^2 증가
여가만족도	-0.116	(0.082)	0.083	0.005
주거만족도	-0.121	(0.074)	0.111	0.007
가족만족도	0.019	(0.060)	0.109	0.001
친척만족도	0.028	(0.062)	0.111	0.001
친분만족도	-0.020	(0.069)	0.071	0.001
생활만족도	0.005	(0.066)	0.150	0.000

*P-value: †<0.1, *<0.05, **<0.01, ***<0.001

안 된다. 또한, 가구소득과 같은 다른 변수들도 통제됐기 때문에 〈표2〉에서 제시된 계수는 가구소득 역시 통제된 조건부 효과를 보여주는 것이다.

이 분석에서 교육은 혼동변수로 통제됐기 때문에, 교육 효과를 보려 할 때의 혼동변수들은 통제되지 않았다는 문제가 있다. 예를 들어 여성의 교육 효과를 보고자 할 때는 부모의 교육과 같은 변수들을 통제할 필요가 있다. 하지만 이 글에서는 그런 변수를 통제하지 않았기 때문에 〈표1〉에서 나타난 계수는 과도하게 추정된 편향 치일 가능성이 크다. 이런 문제들 때문에 이 글에서는 여타 변수의 계수를 해석하지 않는다.

〈표3〉은 여타의 종속변수에 대한 자녀출산의 효과를 추정한 계수들을 보여주고 있다. 이 계수들은 여타의 혼동변수를 통제한 후의 계수들인데, 앞에서 밝힌 이유로 혼동변수의 계수를 보여주지는 않았다.

〈표3〉을 살펴보면 자녀출산은 여가만족도와 주거만족도에 부정적인 영향을 미치는 것으로 보인다. 여가만족도 상의 계수는 통계적으로 유의미하지는 않지만, 계수 값이 크고 자녀출산 변수를 넣었을 때 R^2의 값이 전체에서 16% 정도를 차지하는 것으로 보건대 실질적인 의미가 있는 것 같다. 여성이 출산하면 자녀를 돌보는 데 보내는 시간이 적지 않고, 이는 특히 자녀가 갓 태어났을 때 더할 것으로 보이기 때문에 그리 놀라운 발견은 아니다.

또한, 영아기 자녀가 잠을 자지 못하면서 받는 어려움은 여가를 줄인다는 점을 고려할 때 어느 정도 현실과 맞아떨어지는 결과로 보인다. 주거만족도에 대한 부정적 영향 역시 유의미한 것이라 생각되는데 이는 자녀출산을 포함하면, 그렇지 않았을 때에 비해 R^2 값을 약 15% 정도 올리기 때문이다. 갓 태어난 아이를 키울 때 그 자녀에게 쏟는 주의 때문에 집안정돈이 힘들 것이라는 점과 유아들의 행동 때문에 집안이 정돈되기 어렵다는 점을 살폈을 때 주거만족도가 떨어지는 것 역시 놀라운 발견은 아닌 것으로 생각된다.[1]

이에 반해 가족만족도와 친척만족도는 상승하는 것으로 나타났다. 하지만 이러한 만족도는 그리 크지 않을 것으로 보인다. 1) 통계적으로 유의미하지 않다는 점, 2) 여가만족도나 주거만족도에 있는 계수들에 비해 가족만족도나 주거만족도에 있는 계수들의 절댓값이 미미하다는 점, 3) R^2의 증가가 매우 작다는 점 같은 이유 때문이다. 자녀출산은 단순히 여성과 남편의 관심사일 뿐 아니라 주위 친척의 중요한 관심사이고 자녀출산은 신생아를 매개로 가족이나 친척의 유대감을 높일 가능성이 크다는 점에서, 비록 양의 계수가 나왔지만, 이러한 결과는 더 많은 연구가 필요하다.

친분만족도에 대한 결과를 보면 자녀출산이 사회적 친분관계에 대한 만족도를 떨어뜨리는 것으로 나타났다. 하지만 계수의 절댓값이 크지 않고, R^2의 증가가 크지 않다는 점으로 미루어 그 영향은 미미해 보인다. 비록 앞서 생활만족도 관련 결과를 논의했지만 여기서 다른 영역의 만족도와 통합해 약간의 논의를 덧붙일 필요가 있겠다. 생활만족도는 전반적인 생활만족도를 뜻하기 때문에 다른 영역을 포괄하는 영역이라고 볼 수 있을 것이다. 이렇게 보았을 때 여가만족도와 주거만족도에서 상당히 큰 만족도의 하락을

1 주거만족도와 관련하여 거주형태에 따른 차별적인 효과가 있지 않을까? 하는 생각을 해볼 수 있다. 즉, 자가에 사는 여성에 비해 전세나 월세에 사는 이들의 주거만족도가 상대적으로 낮을 것으로 생각해 볼 수 있는데 수식 (2)를 이용하여 분석한 결과 모든 계수의 값이 무의미했다(저자에게 요청 시 결과 제출).

표4 종속변수별 소득에 따른 이질적 효과 추정결과

종속변수		계수	R^2 증가
여가만족도	소득 1*출산	0.180	(0.171)
	소득 2*출산	0.229	(0.232)
주거만족도	소득 1*출산	0.101	(0.151)
	소득 2*출산	0.171	(0.217)
가족만족도	소득 1*출산	0.279†	(0.143)
	소득 2*출산	-0.008	(0.182)
친척만족도	소득 1*출산	0.293*	(0.134)
	소득 2*출산	-0.001	(0.172)
친분만족도	소득 1*출산	0.243†	(0.140)
	소득 2*출산	-0.182	(0.179)
생활만족도	소득 1*출산	0.141	(0.140)
	소득 2*출산	0.227	(0.182)

*P-value: †<0.1, *<0.05, **<0.01, ***<0.001

경험한 여성들이 전반적 생활만족도에서는 하락을 경험하지 않았다는 것은 꽤 시사적이다. 아마도 자녀를 키우면서 가지는, 이 장에서는 측정되지 않은 만족도들이 증가하면서 여가만족도와 주거만족도 상의 하락을 상쇄한 것처럼 보인다. 이는 앞서 언급한 이론 중 진화생물학적 관점을 간접적으로 지지하는 결과이기도 하다.

다음으로, 소득에 따른 자녀출산의 이질적 효과를 살펴보도록 하자. 다음의 〈표4〉는 종속변수별 소득에 따른 이질적 효과effect heterogeneity의 추정결과를 보여주고 있다. 이 표에서는 R^2의 변화를 보여주고 있지 않은데 이는 설명변수가, 여기에서의 예와 같이 비선형nonlinear 형태로 추가됐을 때 R^2가 증가하지 않는 경우들이 있기 때문이다(Cameron & Windmeijer, 1997). 실제로 R^2 값들을 살펴본 결과 여가만족도는 감소하는 것으로 나타났다.

우선 여가만족도 상의 결과를 보면 모든 계수가 양의 값을 가지지만 통계적으로 유의미하지는 않았다. 하지만 모든 계수가 〈표3〉에서 제시한 계수

의 절댓값보다 큰 것을 볼 수 있어, 통계적 유의미도의 문제는 적은 사례 수로 인한 통계적 검증력 때문으로 풀이된다. 따라서 〈표4〉의 결과는 가구소득이 0~1,200만 원대에 있는 여성에 비해 1,200~3,600만 원대 이상의 소득을 벌어들이는 가구에 속한 여성들이 자녀출산으로 인한 여가만족도가 높다는 것을 지지하는 것처럼 보인다. 이는 아마도 자녀출산과 더불어 일을 하지 않음으로써 자녀양육과 일을 같이할 필요가 없거나 보육 도우미를 통해 가구소득으로 시간을 살 수 있기 때문으로 풀이된다.

주거만족도에 있는 계수 또한 소득이 높은 가구에 사는 여성이 자녀출산으로 인한 주거만족도가 높을 것임을 암시하고 있다. 이는 반대로 소득이 낮은 가구에 사는 여성의 주거만족도는 낮을 것임을 보여주는 결과로 해석해볼 수 있다. 이는 앞서 이론적 논의에서 제시한 경제적 부담감과 관련이 있어 보인다. 다시 말해 소득이 낮은 사람들은 자녀를 출산하면서 더 많은 방이 필요해지지만 경제적 상황 탓에 그럴 수 없어서 주거만족도가 떨어지는 셈이다. 다른 한편으로 고소득가구 여성의 높은 만족도는 고소득으로 주거환경에 관한 상품을 시장에서 살 수 있기 때문으로 볼 수 있다. 예컨대 소득이 낮은 여성들에게는 유아용품을 구입할 때 내구성이 약한 용품을 사들인다든가 일회용을 사용함으로써 주거환경을 해치는 경우가 있다.

가족만족도와 친척만족도는 여러 측면에서 흥미로운 결과들이 나왔다. 우선 0~1,200만 원대의 가구소득을 벌어들이는 여성에 비해 1,200~3,600만 원대를 버는 가구에 사는 여성이 출산으로 인한 가족만족도와 친척만족도가 높아지는 것을 발견할 수 있지만 3,600만 원대 이상을 버는 여성들과는 아무런 차이를 보이지 않는 것처럼 보인다. 분석자료의 사례 수가 적음에도 전자는 p-value가 0.1의 수준에서 통계적으로 유의미하게 나왔으며 후자는 일반적인 0.05 수준에서 유의미하게 나왔다. 따라서 이들 수치는 가구소득이 높을수록 자녀출산으로 얻는 만족도가 높다는 실질적인 의미가 있는 것으로 생각된다.

이에 반해 3,600만 원 이상의 소득을 얻는 여성은 1,200만 원 미만의 소득을 얻는 여성과 별 차이를 느끼지 않았다. 몇 가지 이유를 생각해볼 수 있다. 우선 가구소득이 높은 여성은 출산 전부터 높은 가족만족도와 친척만족도를 누리고 있어 출산 후의 만족도가 상대적으로 낮을 수 있다. 아니면 자녀양육에 드는 시간의 부족으로 만난 횟수가 줄어들기 때문에 이전까지 보였던 가족만족도와 친척만족도의 감소를 경험할 수 있다.

이러한 현상은 친분만족도에서 더 극명하다. 다시 말해 1,200만 원대 미만의 소득을 버는 가구에 속한 여성에 비해 1,200~3,600만 원대를 버는 가구의 여성은 자녀출산으로 인한 사회적 친분만족도가 증가하지만, 그 이상의 소득을 버는 가구는 오히려 감소하는 것으로 나타났다. 이러한 결과는 언뜻 보기에 상당히 당혹스러운 결과이다. 하지만 가구소득이 높은 여성이 출산 전 보다 많은 사회적 활동을 했으나 가질 수 있는 만남의 기회가 감소함으로써 사회적 친분만족도가 상대적으로 감소하기 때문으로 짐작해볼 수 있다.

마지막으로 생활만족도에 대한 결과를 살펴보면 가구소득이 증가할수록 출산으로 얻는 전반적인 생활만족도가 증가하는 것을 볼 수 있다. 이는 앞서 살펴본 여러 영역의 만족도가 증가함으로써 전반적인 생활만족도가 올라간 것으로 생각할 수 있다. 1,200만 원 미만 소득의 여성과 대비한 3,600만 원 이상 가구소득 여성의 경우, 비록 가족만족도나 친척만족도에서는 별 차이를 보이지 않고 친분만족도는 떨어지는 것으로 나타났지만 다른 영역에서의 만족도가 이러한 부정적인 영향을 상쇄한다고 볼 수 있다. 하지만 이러한 결과가 포스터가 말한 의미로 상위소득 여성에게 양육상의 만족이 크기 때문이라고 볼 수 있는가에는 의문의 여지가 있다. 여가만족도나 주거만족도 같이 경제적으로 밀접한 관련이 있는 만족 영역에서 이들의 만족도가 높게 나왔기 때문에 전반적인 생활만족도가 높게 나온 것이 경제적 부담이 상대적으로 적어서인지, 아니면 양육상의 내재적 만족이 크기 때문인지는 이 장에서 도출된 결과만으로는 판단하기 어렵다.

6. 마치며: 출산은 삶을 만족스럽게 하는가?

이 장에서 이뤄진 논의는 출산과 양육 비용이 높다는 인식 탓으로 출산을 꺼리는 초 저출산시대에 실제로 자녀를 낳는 것이 삶의 만족도를 줄이는지 실증적으로 탐구해보려는 관심에서 출발했다. 연구 결과, 삶의 만족도 영역에 따라 자녀출산이 주는 만족도는 다른 것으로 나타났다. 우선 여가만족도와 주거만족도는 하락하는 것으로 보인다. 하지만 가족만족도와 친척만족도, 사회만족도는 별 영향을 받지 않는 것으로 드러났다. 흥미롭게도 전반적 생활만족도 또한 변하지 않았다. 이는 여가만족도나 주거만족도 같은 영역에서 생기는 불만족 정도가 다른 영역 상의 만족도 증가로 상쇄되기 때문으로 보인다. 이런 점에서 출산과 양육 속에서 느끼는 내재적인 만족도가 있으며, 자녀의 내재적 가치는 여기에 있지 않은가 생각하게 된다.

나아가 이 글은 자녀출산으로 인한 삶의 만족도는 가구소득에 따라 차이를 보인다는 점을 보여주었다. 비록 가족만족도와 친척만족도, 친분만족도에서는 그렇지 않았지만 다른 만족도의 영역에서는 가구소득이 증가할수록 자녀출산으로 인한 만족도도 증가하는 선형적 관계를 보여주고 있다. 특히 1,200만 원 미만의 가구소득에 속한 여성과 대비한 1,200~3,600만 원대 미만의 소득을 버는 가구에 소속된 여성은 모든 부분에서 출산 후 만족도가 높았다. 특히 가족만족도와 친척만족도, 친분만족도는 분석자료의 적은 사례 수에도 0.1 수준에서 통계적으로 유의미했다.

이러한 결과는 사회정책적으로도 매우 유의미한 시사점을 제공하고 있다. 우선 출산이 주는 어려움으로 인해 출산을 꺼리는 기혼여성에게 출산은 결코 삶의 전반적 만족도를 하락시키지 않는다는 점을 적극적으로 알릴 필요가 있다. 물론, 몇몇 영역에서 만족도의 하락이 있는 것은 사실이다. 하지만 그러한 어려움을 상쇄할 수 있는 다른 영역의 만족도 상승이 있기 때문에, 모든 것을 고려해보았을 때 삶의 만족도는 떨어지지 않고 있다.

가구소득에 따라 출산으로 얻는 삶의 만족도가 다르며 이는 상대적으로 소득이 적은 부분에서 크게 나타난다는 사실은 직접적인 사회정책적 함의를 지니고 있다. 바꿔 말해 이러한 결과는 경제적으로 어려운 가구로의 소득이전은 이들이 출산으로 얻는 삶의 만족도를 한층 높이게 될 것이라는 점을 암시한다. 장기적인 관점에서 이러한 만족도 증가는 앞으로 더 많은 아이를 낳을 요인을 제공할 것이기에 초 저출산현상을 극복하기까지는 어렵더라도 억제할 가능성이 있다. 물론 이러한 정책을 실행하려면 사회적 수용성 및 정책효율성에 대한 논의와 더 심층적인 연구가 필요할 것이다.

반복해서 언급했다시피 이 글은 신혼 초기 여성을 대상으로 자녀출산 전후의 삶의 만족도를 살펴보았다. 이런 면에서 이 글이 가지는 한계를 인식하고 앞으로 발전 방향을 토의할 필요가 있다. 우선 출산을 전후한 1년의 기간만 살펴봄으로써 자녀출산이 주는 장기적인 만족도의 변화를 살펴보지 못했다는 점은 한계로 지적할 만하다. 또한, 신혼 초기 여성의 출산만을 연구대상으로 잡았지만, 신혼 이후에 자녀를 낳는 여성의 만족도는 어떠할 것인지 또한 탐구해볼 가치가 있다. 이 장에서는 여성의 만족도만 살펴봤지만, 남성의 만족도를 살펴보는 것 또한 의미 있을 것이다. 덧붙여 여기서는 첫째아이만 대상으로 했지만 둘째나 셋째 이상의 출산은 어떠한 영향을 주는지도 알아볼 필요가 있다. 마지막으로 자녀의 성별에 따라 출산 만족도가 달라지는지, 달라진다면 얼마나 달라지는지 살펴보는 일도 한국 사회의 출산 현실과 관련해 매우 중요한 과제가 되겠다.

제5장

가족의 해체는 우리에게 어떤 영향을 미치는가?*

부모의 이혼이 자녀의 자아통제감에 미치는 영향으로 살펴본 복잡한 관계들

김중백·우혜영

1. 들어가며

인간은 사회제도 안에서 사회화 과정을 통해 문화와 규범, 사회성원으로서 기대되는 역할과 습성을 배우며 이에 따라 필요한 사회적 지위를 얻게 된다. 사회제도 가운데서도 원초집단인 가족의 중요성은 특히 두드러진다. 가족은 개인의 사회적 성취와 안녕감에 큰 영향을 주는 사회적 제도이며 인간이 지구 상에 존재한 이후 가장 오랫동안 존재해왔던 사회제도이다. 가족은 혼인으로 맺어진 부부와 출산 또는 입양으로 얻은 자녀를 그 기본 단위로 한다. 따라서 혼인행위는 가족을 형성하는 가장 기본적인 출발점이라고 할 수 있다. 우리나라의 가족문화는 전통적인 유교사상과 남성중심사상에 오랫동안 영향을 받아왔기 때문에 서구사회보다 가족의 해체를 가져오는 이혼율이 상대적으로 낮은 현상을 보였다. 그러나 점차 이혼율은 꾸준히 상승하고 있으며 이혼 후에도 재혼하지 않고 비혼 상태로 남아 있는 사

---

* 이 장은 Kim, J. and H. Woo (2011). The Complex Relationship Between Parental Divorce and the Sense of Control. *Journal of Family Issues* 32(8): 1050~1072를 수정한 것이다.

람의 수도 점차 늘어나고 있다. 1994년에는 1천 명당 이혼 정도를 나타내는 조 이혼율(연간이혼건수 ÷ 연앙 인구 × 1,000)이 1.4였으나 2003년에는 3.4로 2배 이상 상승했으며 2011년에는 다소 감소했지만 2.3으로 과거보다는 여전히 증가한 상황이다. 이는 우리 국민 1,000명 가운데 이혼한 사람이 1994년에는 1.4명이었으며 2002년에는 3.4명으로 증가했다가 2011년에는 2.3명으로 감소했음을 의미한다.

부모의 이혼이 자녀의 행위와 상태에 미치는 영향을 살펴보는 것은 가족 연구에서 매우 중요한 위치를 차지한다. 과거에는 조부모와 같이 거주하는 3세대 가구의 비중이 높았기 때문에 부모가 이혼하더라도 부모의 위치를 보완할 수 있는 여건이 어느 정도 마련되어 있었다. 하지만 현재 날로 가속화되어가고 있는 핵가족화의 추세를 감안해 보았을 때 이러한 부모 이혼의 증가는 자녀들에게 미칠 영향이 더욱 커질 것으로 보인다. 특히 우리나라는 사회안전망이 아직 확고하게 정립되어 있지 않은 상황인데 부모는 자녀에게 사회적·심리적·정서적 자원을 공급하는 원초집단의 역할을 수행하기 때문에 한 부모 슬하에서 성장한 자녀가 사회적 차별과 소외를 경험할 가능성이 더욱 크다. 이러한 맥락에서 부모의 이혼 결과가 자녀의 행동과 사회적 성취도, 그리고 건강상태와 가지게 되는 연관성은 중요한 사회과학적 연구 주제이다. 그 가운데서도 자녀의 심리적 안녕감에 부모의 이혼이 미치게 되는 영향은 삶의 질에 대한 관심의 증대와 더불어 그 중요성이 더욱 대두 되고 있다.

이 장에서 관심을 두고 살펴보는 심리적 안녕감은 자기통제감이다. 자기통제감sense of control은 심리적 안녕감psychological well-being을 구성하는 다양한 세부 측정도구 가운데 상대적으로 우리의 사회과학 연구의 흐름 안에서 덜 주목받아온 개념이다. 자기통제감은 내가 의도하는 결과는 나의 선택과 행위에 따라 결정될 것이라는 학습 된 일반적인 믿음으로 정의한다.

다르게 표현하면 나의 사회적 지위나 성취가 나의 의지와 행동으로 가능할 것인지에 대한 주관적인 평가이다. 이러한 자기통제감 개념은 심리학적인 측면에서 보았을 때 자기존중감self-esteem 혹은 지배감mastery과도 유사한 특성을 보인다. 이러한 자기통제감의 개념은 미로우스키와 로스에 의해서 사회학에서 독립적인 개념으로 발전해 왔고 특히 자기통제감이 사회적 지위와 역할이 개인의 건강에 영향을 미치는 데 매개의 역할을 한다고 자료를 통해 발견한 이후에 더욱 주목받고 있다(Mirowsky & Ross, 2002). 일반적으로는 높은 교육 수준과 안정적인 고용 상태, 안정된 결혼 상태의 유지 등이 자기통제감을 높이는 사회적 조건으로 알려졌다. 이러한 측면에서 볼 때 부모의 이혼이 일반적으로 자녀에게 경제적 곤란, 심리적 불안감, 정서적 괴리감을 통해 정신건강에 부정적인 영향을 미칠 가능성이 높고 이에 따라 부모의 이혼을 경험한 자녀의 자기통제감이 그렇지 않은 자녀의 자기통제감보다 낮을 가능성이 있다. 하지만 현재까지 부모의 이혼을 설명요인으로 심리적 안녕감을 종속 변인으로 제시하며 설명요인과 종속 변인 간의 인과 기제를 연구하는 선행연구 가운데 자기통제감은 분석대상으로 거의 다뤄지지 않았다. 또한, 부모의 이혼 경험이 자기통제감에 미치는 영향이 이혼 당시뿐만 아니라 장기적인 시각에서도 영향을 미치는지 살펴본 연구는 매우 드물다(Amato, 1988). 따라서 여기서는 부모의 이혼이 자녀의 자기통제감과 어떠한 관계를 맺는지 살펴보고 두 변인 간의 관계를 설명하는 매개변인을 찾아내는 것을 그 핵심 목적으로 삼는다.

2. 논의의 배경과 선행연구

결혼이 우리 삶에 가지는 의미가 최근에 점차 변하고 있으며 결혼을 선택하지 않는 비율이 증가하는 것은 사실이다. 그러나 여전히 결혼은 많은 사람들에게 가장 중요한 인생의 한 단계 혹은 사건으로 존재하고 있다. 따라서 결혼을 한 후에 이혼을 경험하는 것은 때로는 긴 부부갈등의 종료를 의미하여 이혼 당사자와 가족 구성원들에게 갈등의 종료를 의미하는 긍정적인 측면으로 다가오기도 하지만 이혼의 당사자들에게는 부정적인 의미가 있는 경우가 일반적이다(Amato & Booth, 1991; Amato & Sobolewski, 2001; Aseltine, 1996; Cherlin, Chase-Lansdale, & McRae, 1998). 그리고 이러한 부부의 이혼은 이혼의 당사자는 물론 자녀에게까지 영향을 미치게 된다. 잘 알려졌다시피 가족은 가장 중요한 사회화 기관이며 정서적·사회적·관계적 자원의 일차 공급원이기 때문에 부모의 이혼은 자녀들이 이러한 자원을 공급받는 데 곤란을 겪을 가능성이 큼을 의미한다.

그런데 심리적 안녕감의 측면에서 보았을 때 부모의 이혼이 자녀에게 미치는 영향은 다차원적이다. 저명한 가족사회학자 해서링턴은 "대부분의 유아기·청년기 자녀들은 비록 부모의 이혼을 경험했더라도 결국은 이를 극복하게 되며 성인으로 성장한 이후에도 정상적인 삶을 영위하는 경향이 있다."라고 주장했다(Hetherington, 2002: 253). 이렇게 부모의 경험에 의한 심리적인 불안감이나 취약감이 그다지 크지 않을 수 있는 이유는 부모의 이혼이 일반적으로 장기간 지속했던 부모의 불화를 종결시켜 미래에 대한 불안감을 오히려 더는 계기가 되기 때문이다. 하지만 이와는 반대로 부모의 이혼은 일반적으로 사회적·심리적·관계적 자원을 부모 가운데 한 사람으로부터만 공급받는 결과를 가져오므로 자녀의 사회적 지위 획득에 불이익을 줄 가능성이 크다. 이 과정에서 자녀는 심리적으로 소외감을 느끼며 불안감을 가지게 되고 결혼에 실패하거나 사회적 참여에 소극적인 자세를 가지게 되어 결국 부모의 이혼은 자녀의 심리적 안녕감에 부정적인 영향을 미치게 된다. 따라서 부모의 이혼을 경험한 성인 자녀는 우울감이 더 높다는

연구결과가 보고돼 있다(Ross & Mirowsky, 1999)

하지만 기존의 부모 이혼과 자녀의 심리적 안녕감에 대한 연구 가운데 덜 다뤄진 개념은 자기통제감이다(Mirowsky & Ross, 1990). 자기통제감은 자신이 스스로 계획을 세우고 규제하는 가운데 행동한다면 원하는 바를 이룰 수 있다는 믿음과 권위의 정도를 말한다. 이는 사회적인 소외의 한 개념이며 무기력증의 반대 개념으로 이해할 수 있다. 따라서 개인이 높은 수준의 자기통제감을 가지고 있다면 그는 자신의 문제를 해결할 수 있다고 믿으며, 어려운 상황에서도 자신의 의지를 통해 극복할 수 있는 믿음이 강한 상태를 의미한다(Ross & Mirowsky, 2009; Thoits, 2011). 이러한 자기통제감 개념은 심리적 안녕감에서 지금까지 일반적으로 자주 다루어졌던 우울감depression, 분노anxiety, 행복감happiness 등의 척도와는 다르게 자신의 현재 상황과 미래에 대한 종합적인 심리적 판단을 측정하기 때문에 개인 심리 상태의 다양한 측면을 보여줄 수 있다는 점에서 이론적 함의를 내포한다.

이렇게 자기통제감은 심리적 안녕감에 대한 사회학적 연구에서 구별되는 척도로서 그 의미가 있다. 그런데도 불구하고 이혼 관련 연구에서 이 개념은 아직 다뤄지지 않고 있다. 이에 따라 이 장에서는 부모의 이혼을, 새로운 상황에 대한 재적응을 요구하고 이에 따른 스트레스를 유발하는 '스트레스 요인stressor'으로 간주하여 이것이 개인의 자기통제감에 어떠한 영향을 장기적으로 미치는지 밝히는 것을 핵심 연구문제로 삼는다. 그런데 스트레스 요인이 심리적 안녕감 혹은 정신건강 척도에 미치는 과정은 복합적인 측면이 있다. 달리 말해 장기적인 관점에서 봤을 때 부모의 이혼은 심리적 안녕감에 긍정적인 영향과 부정적인 영향을 모두 미칠 가능성이 있다. 따라서 아래에서는 이처럼 대립하는 두 가설이 어떠한 이론적 배경을 가지는지 설명하도록 한다.

먼저 부모의 이혼은 장기적으로 자녀의 자기통제감을 감소시킨다는 가설이 있다(Jekielek, 1998; Weiner, Harlow, Adams, & Grebstein, 1995). 부모의 이혼은 자녀의 사회경제적 지위 획득에 악영향을 미칠 가능성이 크다. 왜냐하면, 이혼가정은 경제적 상황이 어려운 경우가 더욱 많으며 경제적 곤란은 학업의 집중을 방해하며 사회경제적 지위 획득에 필요한 사회연결망 형성도 힘들게 한다. 또한, 이혼가정에서는 자녀에 대한 관리와 감독이 소홀해지기 쉬우며 경제적 곤란 때문에 자녀 교육에 대한 제한된 투자가 이루어지는데, 이에 따라 이혼가정에서 성장한 자녀는 부모가 모두 생존한 가정에서 성장한 자녀에 비해 교육수준, 수입, 고용상태 등으로 대표되는 사회경제적 지위가 낮을 가능성이 크다. 이렇게 낮은 수준의 사회경제적 지위는 곧 심리적 안녕감의 한 척도로서 낮은 수준의 자기통제감으로 이어진다(Link & Phelan, 1995). 그 가운데서도 부모의 이혼과 낮은 사회경제적 지위를 연결하는 가장 중요한 연결고리는 교육이다. 이혼한 부모슬하에서 자라는 자녀들은 부족한 지원과 관심, 그리고 가정불화로 인한 심리적 동요감 때문에 학업에 전념하기 어렵게 되며 교육수준에 크게 영향을 받게 되는 취업 상태와 수입도 역시 부정적인 영향을 받게 되는 것이다(Amato, 2000; Morrison & Cherlin, 1995). 부모가 이혼한 가정 자녀들의 낮은 사회경제적 지위는 곧 낮은 자기통제감으로 이어질 것으로 보인다. 자기통제감은 사회적 상황에 얼마나 잘 대처할 수 있는지에 대한 주관적 평가인데 사회경제적 지위가 낮은 사람은 상황변화에 따른 대처와 통제에 필요한 자원이 부족하며 그 결과 낮은 수준의 자기통제감을 가지게 된다. 따라서 부모의 이혼을 경험한 자녀는 낮은 자기통제감을 가지게 될 것이다.

하지만 이와는 반대의 가설도 성립될 수 있다. 즉, 부모의 이혼을 경험한 자녀가 그렇지 않은 자녀보다 오히려 더 강한 자기통제감을 가질 수도 있다. 부모의 이혼을 경험한 자녀는 사회경제적 지위 획득에 필요한 자원이 부족한 가정에서 자랄 가능성이 큰 것은 사실이나 동시에 한 부모 아래에서 성장하기 때문에 더욱 독립적이고 주체적인 역할을 담당하는 경우가 많다. 또한, 한 부모 아래에서 성장하는 자녀는 자신의 행동에 책임을 져야 한다는 사실을 더 일찍 인지하게 되며 부모의 지원이 부족하기 때문에 자신의 미래를 위해서 스스로 노력해야 하는 부분이 더욱 크다는 것을 깨달을 수 있다. 따라서 부모의 이혼을 경험한 자녀는 삶의 과정에서 경험하게 되는 다양한 생애사적 사건life events에서 자신의 역할과 능력에 대한 강한 믿음을 가지게 되며 이는 높은 자기통제감으로 이어질 수 있다(Riggio, 2004). 또한, 한 부모 가정에서 자라는 자녀는 정서적·심리적 자원이 부족하기 쉬우므로 사회적 연결망을 통해 이를 보완하기 위하여 다양한 사회조직에 참여할 수 있다(Amato & DeBoer, 2001). 특히 자발적 사회조직에 참여하는 과정에서 형성하게 되는 사회적 관계는 자기통제감에 긍정적인 영향을 미칠 수 있다. 왜냐하면, 사회적 관계의 강화와 확장은 일반적으로 심리적 안녕감에 긍정적인 영향을 미치며 심리적 안녕감을 측정하는 도구의 하나인 자기통제감에도 긍정적인 영향을 미칠 수 있기 때문이다(House, Landis, & Umberson, 1988; Musick & Wilson, 2003).

이렇게 대립하는 가설은 모두 이론적인 타당성을 어느 정도 갖추고 있지만 실제로 연구에서 검증된 적은 없다. 따라서 이 장에서는 유년기 시절에 경험한 부모의 이혼이 성년이 된 자녀의 자기통제감에 장기적으로 영향을 미치는지, 그리고 그 영향이 개인의 배경과 지위, 상황 변수를 통제하고도 유효한지 검증한다. 그리고 부모의 이혼과 자기통제감 간의 관계를 설명할 것으로 여겨지는 다양한 변수들 가운데 사회경제적 지위 변수와 사회적 참여 변수를 매개변수로 살펴보고 과연 유년기에 경험했던 부모의 이혼이 성인이 된 자녀의 자기통제감에 어떤 메커니즘을 통해 영향을 미치는지 밝히고자 한다. 이러한 연구문제는 부모의 이혼이 심리적 안녕감에 가질 수 있는 복합적인 측면을 밝힌다는 점에서 기여하는 바가 있다고 하겠다.

3. 연구방법

이 장에서는 1995년에 존 미로스키John Mirowsky와 캐서린 로스Catherine Ross가 수집한 「Survey of Aging, Status, and the Sense of Control」 조사 자료를 사용했다. 이 자료는 미국 전역에서 확률 표집을 통해 선택된 영어로 소통 가능한 18세 이상의 성인이 조사대상이며 무작위 전화 걸기 방법으로 수집됐다. 최종 조사대상자는 2,592명이다. 이 자료는 수집 시점이 1990년대 중반인 데다 한국의 자료가 아닌 미국의 자료라는 점에서 한계가 있지만 부득이하게 선정됐다. 이 글에서 핵심변수로 사용되는 유년기 시절 부모이혼 경험 여부와 현재의 자기통제감에 대한 변수가 모두 포함된 조사 자료를 국내 자료 가운데서는 찾아볼 수 없기 때문이다. 조사대상 가운데 유년시절, 바꿔 말해 18세 이전에 부모가 사망하여 부모의 이혼 여부를 알 수 없거나 부모가 법적으로 결혼하지 않았거나 입양되어 부모의 정보를 확인할 수 없는 조사대상자는 제외했다. 이에 따라 여기서 사용된 최종 조사대상은 2,528명이다.

이 글에서의 종속변수는 자기통제감이다. 자기통제감은 미로스키와 로스가 개발한 자기통제감 지표를 사용했으며 구체적인 질문은 〈표1〉을 참조하면 된다. 이 지표는 이미 기존 연구에서 여러 차례 사용됐고 자기통제감을 측정하는 데 신뢰성이 있다고 평가받고 있다. 핵심 독립변수는 부모의 이혼 여부이다. 이 글에서 유년기 시절의 부모 이혼 여부는 18세 이전에 부모의 이혼을 경험했는지로 측정되었으며 연구대상 가운데 15.5%가 18세 이전에 부모의 이혼을 경험했다고 보고하고 있다.

표1 분석에 사용된 변수의 측정 방법

변수명	측정질문	응답	평균	표준편차	최대/최솟값
이혼 여부	부모는 18세 전에 이혼했는가?	네(1), 아니오(0)	.16	.36	0~1
자기통제감	(1) 나는 나의 성공을 책임진다. (2) 내가 원하는 바는 이룰 수 있다. (3) 좋은 결과를 통제할 수 있다. (4) 나쁜 결과를 통제할 수 있다. (5) 좋은 일은 운으로 생긴다. (6) 계획을 하는 것은 의미가 없다. (7) 나의 문제는 불운 때문이다. (8) 나쁜 일을 통제하지 못한다.	각각의 질문에 대해 매우 긍정, 긍정, 중립, 부정, 매우 부정으로 답했으며 모든 변숫값이 평균값을 사용함. 값이 커질수록 높은 자기통제감을 보이도록 리코딩했음.	.64	.51	-1.38~2
인종	당신은 백인입니까?	백인(0), 비백인(1)	.13	.34	0~1
성별	남녀 성별	남성(0), 여성(1)	.59	.49	0~1
나이	연령	연령을 기입함	52.57	18.70	18~95
자기평가 건강	자신의 전반적 건강 상태를 주관적으로 평가함	매우 나쁨, 나쁨, 만족스러움, 좋음, 매우 좋음으로 답했고 값이 커질수록 좋은 자기평가 건강을 의미함.	4.11	.93	1~5
가구수입	연간 총 가구수입($)	숫자로 기입한 후 편의를 위해 1,000으로 나눈 값을 사용.	4.51	4.51	0~80
교육	최종으로 마친 학년	1~20년으로 응답한 후 0(1~12년), 1(13~15년), 2(16~30년)로 리코딩했음.	.76	.84	0~2
고용상태	다음 중 당신의 상용직 고용을 설명하는 것으로 가장 적절한 것은?	대부분 상용직 고용, 간헐적으로 상용직 고용, 때로는 상용직 고용, 전혀 상용직 고용 없었음이며 대부분 상용직(1), 나머지(0)로 리코딩했음.	.70	.46	0~1
경제적 곤란	지난 12개월 동안 (1) 의식주를 유지하는데 필요한 돈이 있었는가 (2) 고지서를 지불하는데 곤란을 겪었는가 (3) 의료비를 지불하는데 곤란을 겼었는가?	전혀 없었음, 자주 있지는 않음, 자주 있음, 매우 자주 있음으로 답했고 세 변수의 평균값을 구하여 값이 커질수록 경제적 곤란이 증가함을 의미함.	1.41	.66	1~4
자원봉사	당신은 교회, 병원, 도서관, 혹은 다른 조직을 위해 자원봉사를 한 경험이 있습니까?	네(1), 아니오(0)	.40	.49	0~1
지역공동체 참여	당신은 공동체 봉사, 이웃과 정치 조직에 참여한 경험이 있습니까?	네(1), 아니오(0)	.40	.49	0~1
사회적 지지	(1) 나는 상황이 어려울 때 도움을 청할만한 사람이 있다 (2) 나는 정말로 얘기하고 싶은 사람이 있다. (3) 나는 나를 곤경에서 도와줄 사람이 있다 (4) 나는 내가 아플 때 돌봐줄 사람이 있다.	매우 동의, 동의, 동의하지 않음, 매우 동의하지 않음으로 응답했고 변숫값의 평균을 구하여 사용함. 값이 커지면 사회적 지지가 높아짐을 의미함.	3.30	.51	1~4

부모의 이혼이 연구대상의 현재 자기통제감에 미치는 영향을 설명하는 매개 효과를 검증하기 위하여 사회경제적 지위와 사회적 참여 변수를 매개 변수로 사용했다. 사회경제적 지위를 측정하기 위해 교육수준, 소득수준, 고용 여부, 경제적 곤란 정도가 사용됐다. 사회적 참여 정도를 측정하는 데는 사회적 지지, 자원봉사 참여 여부, 지역 공동체 참여 여부가 사용됐다. 구체적인 변수들의 측정방식은 〈표1〉을 참조할 수 있다. 그리고 부모의 이혼 여부가 현재의 자기통제감에 미치는 영향과 그 메커니즘을 보여주는 변수들과의 관계가 허위가 아닌지를 밝히려고 인구학적 배경 변수를 통제 변수로 사용했다. 통제 변수로 사용된 변수는 성별, 인종, 자기평가 건강, 연령이다. 〈표1〉에 통제 변수가 어떻게 측정되었는지 역시 설명이 제시되었다.

이 글의 목적은 연속 변수로 측정된 자기통제감을 어떻게 부모의 이혼 여부와 사회경제적 지위 변수, 사회적 참여 변수들이 설명하는지 밝히는 데 있다. 그 때문에 일반선형회귀방정식을 사용했고 이와 동시에 매개 효과를 명확하게 보여주기 위해 구조방정식을 사용했다. 연구 결과에서는 다양한 분석 가운데 모든 독립 변수와 통제 변수가 포함된 구조방정식 결과만을 제시한다. 왜냐하면, 독립 변수와 매개 변수가 종속변수를 설명하는 복잡한 관계가 구조방정식 결과에서 가장 알기 쉽게 드러나기 때문이다.[1]

4. 연구결과

〈그림1〉은 독립변수인 부모의 이혼 여부, 그리고 매개변수들인 사회경제적

1 회귀분석의 결과는 요청에 따라 제공할 수 있다. 혹은 Kim, J. and H. Woo. The Complex Relationship Between Parental Divorce and the Sense of Control. *Journal of Family Issues* 32(8), 2011을 참조할 것.

그림1 부모의 이혼이 자기통제감에 미치는 직접효과와 간접효과*

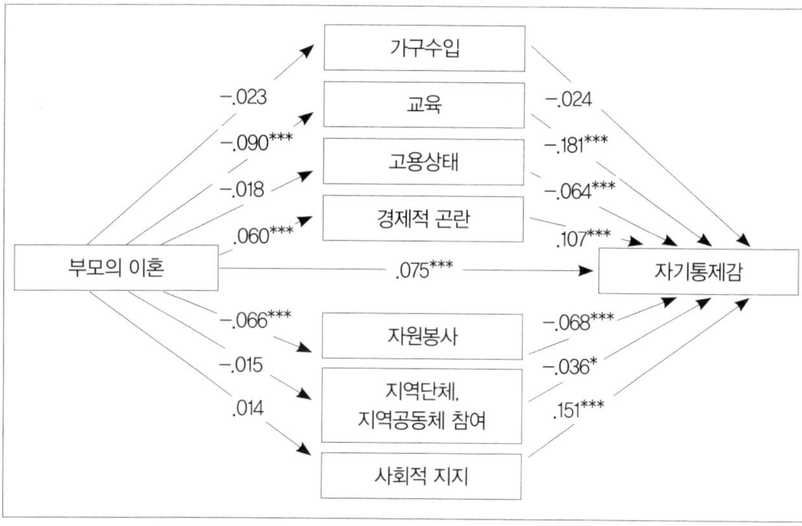

지위 변수들과 사회적 참여 변수들이 어떻게 종속변수인 자기통제감을 설명하는지 나타내주고 있다. 그림에 표시된 숫자는 표준화 회귀계수이며 통계적 유의성도 명기됐다. 통계적으로 유의미한 회귀계수가 가지는 의미는 사용된 샘플에서 발견된 변수 간의 관계가 모집단, 즉 미국의 일반적 성인에게서 발견될 가능성이 적어도 95% 이상이라는 의미이다. 그림에서 독립변수인 부모의 이혼 여부는 왼쪽에, 종속변수인 현재 자기통제감 정도는 오른쪽에 배치했고 가운데 매개변수로 제시된 사회경제적 지위 변수와 사회적 참여변수를 두었다. 구조방정식의 결과의 적절성을 나타내는 지표는 모두 이 모형이 적절한 모형임을 나타내고 있다.

먼저 부모의 이혼 여부가 현재의 자기통제감에 미치는 영향을 보면 정(+)의 관계를 나타내고 있다. 자기통제감은 값이 커질수록 높은 수준을 나타내는 것으로 측정됐기 때문에 정의 회귀계수는 부모슬하에서 자란 응답자에 비해 부모가 이혼한 응답자가 더 높은 수준의 자기통제감을 보이고 있으며 이는 통계적으로 유의미하다. 모든 매개 변수와 통제 변수의 영향을 고려해 보았을 때 부모의 이혼을 경험한 조사대상자가 경험하지 않은 대상자보다 높은 수준의 자기통제감을 나타내는 것이다. 그런데 매개 효과를 보면 다른 양상을 보인다. 먼저 매개 변수인 사회경제적 변수와 사회적 참여 변수에서 나오는 화살표로 사회경제적 변수와 사회적 참여 변수가 어떻게 자기통제감에 영향을 미치고 있는지 알 수 있다. 사회경제적 변수들을 살펴볼 때 교육의 증가와 고용 상태, 경제적 곤란의 감소는 자기통제감을 높이는 효과가 있다. 즉, 사회경제적 수준이 높아질수록 자기통제감은 높아지는 것으로 판단된다. 이러한 결과는 사회적 참여에서도 유사하게 발견된다. 사회적 참여 변수 가운데 자원봉사에 참여하거나 높은 수준의 사회적 지지를 받는 조사대상자들은 높은 수준의 자기통제감을 보인다. 이러한 결과는 일반적인 수준에서 높은 사회적 자원을 가졌을 때 더 높은 자기통제감을 보이고 있음을 의미한다.

그런데 사회경제적 수준과 사회적 참여가 유년기 시절 부모의 이혼 경험과 성년기의 자기통제감을 매개해주는 관계를 살펴보면 좀더 복잡한 양상을 나타내고 있음을 확인할 수 있다. 〈그림1〉에서 왼쪽 화살표를 보면 부모의 이혼은 사회경제적 지위와 사회적 참여에 부정적인 영향을 미치고 있다. 부모의 이혼을 유년기 시절에 경험한 응답자들은 그렇지 않은 응답자들에 비해 교육수준이 낮으며 경제적 곤란은 더 겪고 있고 자원봉사에 덜 참여하고 있다. 그런데 교육과 경제적 곤란, 자원봉사가 자기통제에 미치는 영향을 고려해봤을 때 교육과 경제적 곤란, 자원봉사 참여는 부모의 이혼과 자기통제감 사이의 관계를 일부 매개한다고 볼 수 있다. 달리 말해 부모의 이혼을 유년기 시절에 경험한 응답자는 두 부모와 함께 성장한 응답자에 비해 낮은 자기통제감을 보이는데 그 이유는 부분적으로 낮은 교육 수준, 높은 경제적 곤란, 낮은 자원봉사 참여 정도 때문이다. 하지만 부모의 이혼이 자기통제감에 미치는 직접 효과와 매개 요인을 통한 간접 효과를 모두 감안해봤을 때 유년기 시절 부모의 이혼은 여전히 성년이 된 자녀의 자기통제감에 긍정의 영향을 미치고 있다. 결국, 유년기 시절 부모의 이혼을 경험한 응답자는 그렇지 않은 응답자에 비해 낮은 교육수준, 높은 경제적 곤란, 낮은 자원봉사 참여를 보이고 있지만 이러한 점을 고려하고도 더 높은 수준의 자기 통제감을 보이고 있다. 이 결과는 생애사로서 일반적으로 스트레스 요인으로 간주되는 부모의 이혼이 심리적 안녕감 지표 가운데 하나인 자기통제감에 미치는 영향이 단순하지 않고 복잡하다는 것을 의미한다.

5. 마치며: 부모의 이혼은 자녀에게 복합적인 의미가 있다

이 장에서는 미국에서 전국 규모의 확률 표집으로 모집된 샘플을 사용하여 유년기 시절 부모의 이혼 여부가 성인이 된 조사대상자의 자기통제감에 유의미한 효과를 주는지, 그리고 그 관계는 사회경제적 지위와 사회적 참여를 통해 어떻게 설명될 수 있는지를 밝혔다. 자료의 한계 때문에 미국의 자료로 연구를 진행해야 했던 제한점이 있지만, 지금까지 상대적으로 덜 관심을 받아왔던 자기통제감과 스트레스 요인인 부모의 이혼경험 간의 관계를 실증적 자료를 통해 밝혔다는 데 그 의미가 있다고 할 수 있다. 이 연구의 주요 발견 점은 유년기 시절 부모의 이혼 여부가 현재의 자기통제감에 매우 복잡한 영향을 미치고 있다는 것이다. 더욱 자세히 논한다면 부모가 이혼한 조사대상자는 두 부모와 함께 성장한 대상자에 비해 높은 수준의 자기통제감을 보이고 있다. 그러나 부모가 이혼한 대상자는 더 낮은 사회경제적 지위와 낮은 수준의 사회적 참여를 보이고 있다. 이러한 복잡한 관계를 고려해봤을 때 전반적으로는 부모의 이혼이 성인이 된 자녀의 자기통제감과 유의미한 영향을 미치고 있으나 그 메커니즘은 단순하지 않게 형성돼 있음을 알 수 있다. 이는 곧 부모의 이혼이 자녀의 심리적 안녕감에 미치는 영향이 단순하지 않음을 의미한다.

가족의 해체가 자녀의 심리적 안녕감에 미치는 영향을 분석한 이 장의 논의는 두 가지 시사점을 던져주고 있다. 첫째, 가족의 해체는 시간이 지나고 나서도 여전히 직접 혹은 사회적 지위와 사회적 참여의 차이를 통해 성년 자녀의 심리적 안녕감에 영향을 미치고 있다는 것이다. 유년기 시절 경험은 단기간에만 영향을 미치는 것이 아니라 장기적인 생애과정 측면에서도 영향을 미치고 있다. 이는 유년기 시절 정서적 자원을 공급하는 부모의 행동과 태도, 관계의 안전성이 매우 중요한 의미가 있음을 보여준다. 또한, 이러한 가족상황의 장기적 효과는 비단 부모의 이혼에서만이 아니라 가족관계 내부의 갈등이나 경제적 곤란에서도 발견될 수 있다. 따라서 앞으로 더욱 세분된 연구는 가족이 가진 사회적 기능의 다양한 측면을 보여줄 것으로 기대된다. 두 번째로는 유년기 시절 부모의 이혼을 경험한 성인집단이 그렇지 않은 성인집단에 비해 낮은 교육수준, 높은 경제적 곤란, 낮은 자원봉사 참여 정도를 보이지만 왜 평균적으로 높은 수준의 자기통제감을 가지게 되는지 어떻게 설명할 수 있느냐는 것이다. 이러한 관계를 설명하려면 자기통제감 개념의 바른 이해가 필요하다. 자기통제감은 일반적으로 개인이 처한 객관적인 상황과 지위에 비례하는 특성이 있다. 그래서 사회적 지위가 낮은 집단이 높은 집단에 비해 낮은 수준의 자기통제감을 보이는 것은 자신의 행위 결과를 통제할 수 있는 자원과 능력이 부족하다고 인지하기 때문이다. 하지만 동시에 갈등과 긴장 요인인 부모의 이혼은 이를 경험한 자녀들이 주변에 의지할 사회적 자원이 부족하다는 것을 인지하고 오히려 스스로에 대한 의존과 독립심을 강화하는 과정으로 이어졌다고 해석할 수 있다. 이는 자기통제감 개념이 사회적 맥락 안에서의 개인 지위를 객관적으로 반영한 것이자 사회적 소외의 측면을 나타내는 것이지만 한편으로는 마주한 상황을 극복하기 위한 책임의식이나 독립성에 대한 의지도 반영하고 있기 때문으로 판단된다.

한국 가족 연구의 동향에서 자기통제감에 대한 논의는 여전히 시작단계라고 할 수 있다(윤연정·이미숙, 2007). 이미 여러 연구가 나와 있는 우울증이나 자기평가 건강보다 자기통제감은 그 개념과 함의가 달라서 이에 대한 사회학적 연구는 거의 없다고 말해도 과언이 아니다. 그러나 자기통제감에 대한 관심은 앞으로 필요하다. 왜냐하면, 자기통제감은 단순한 현재 상황에 대한 반영뿐만이 아니라 이에 대한 본인의 주관적 의견이 포함된 복합적이면서도 새로운 사회 심리적 측면까지 보여주는 측정도구이기 때문이다. 가령 우울증은 척도로서는 매우 잘 정리되어 있고 신뢰도도 높지만, 외부 상황에 대한 자신의 대처나 평가에 대한 측면을 포함하지 않고 있다. 이에 비해 자기통제감은 아직 측정의 엄밀성에 대한 연구가 더 필요한 것은 사실이나 기존의 우울증이나 자기평가 건강에서 찾아볼 수 없는 외부상황에 대한 주관적 대처 자원의 평가나 믿음이 포함되어 있기 때문에 좀더 사회학적인 의미가 내포된 측정도구가 될 수 있기 때문이다. 따라서 앞으로 자기통제감에 대한 연구의 축적은 가족에 대한 사회학적 논의를 더욱 풍부하게 할 가능성을 열어줄 것이라 생각한다.

제6장

유년기 학업중단 경험이 우울증에 미치는 영향*

정서적 자원으로서의 가족의 역할을 중심으로

김중백

1. 들어가며: 학업중단이 가지는 의미는 무엇인가?

사회학은 우리의 삶을 개인의 수준이 아닌 집단의 차원에서 이해하며 과학적 연구방법을 통해 사회문제를 설명하고 이에 대한 해결책을 제시하고자 한다. 일찍이 사회학의 창건자 중 한 명인 프랑스의 사회학자 에밀 뒤르케임이 지극히 개인적인 결정으로 여겨졌던 자살을 집합적 특성이 있는 사회적 사실social fact로 보았듯이, 개인의 행위나 경험을 사회적 맥락 안에서 연구하는 것은 사회학의 기본 관점이다. 이런 점에서 볼 때 우울증 역시 예외가 아니다. 최근에 자살이 점차 증가하고 있는데 그 배경으로 빠짐없이 등장하는 것이 바로 이 우울증 현상이다. 우울증은 슬프고, 고독하며, 의기소침하며, 잠을 이루기 어렵고, 무기력한 주관적 정신 상태를 의미한다(Mirowsky & Ross, 2002). 우울증은 개인의 정신건강을 측정하는 여러 개념 가운데 하나이며 일반인들의 정신건강 정도를 측정하는 데 가장 널리 사용되는 척도

* 이 연구의 초고는 2012년도 복지패널 학술대회에서 발표되었다.

이다. 이러한 우울증은 일시적이며 단기적인 우울감과는 구분되며 정신적 증상에만 머물지 않고 일탈 행위와 육체적 건강의 저하로 이어지기도 한다. 사회적 사실로서 자살을 이해하듯이, 우울증 역시 개인 차원에서 우연히 발생하는 것이 아니라 어떠한 사회적 격차를 보이며 이러한 사회적 격차의 원인을 밝히고 그 격차를 해소할 수 있는 방안을 제시하는 것이 사회학의 과제이다. 이러한 우울증의 사회적 불평등을 설명하는 것은 정신건강을 연구하는 사회학자들의 핵심 연구문제이다.

그런데 이러한 우울증의 사회적 분포를 설명하기 위하여 현재의 사회적 상황과 맥락만을 고려하는 것은 때로는 한계에 부딪히곤 한다. 특히 선택편향 효과selection bias effect는 우울증을 유발하는 사회적 요인을 연구할 때 반드시 고려해야 하는 논점이다.

여러 선행연구에 따르면 사회경제적 지위가 낮거나 사회적 참여가 적어 사회적 지지를 적게 받는 집단이 사회경제적 지위가 높거나 사회적 참여가 활발해 많은 사회적 지지를 받는 집단에 비해 낮은 수준의 우울증을 보인다. 이는 사회경제적 지위와 사회적 참여를 낮은 우울증의 원인으로 제시하는 인과 효과causal effect의 논리이다. 하지만 이러한 사회경제적 지위나 사회적 지지를 우울증의 사회적 분포를 설명하는 요인들로 단언하기는 어렵다. 왜냐하면, 사회경제적 지위가 높거나 사회적 지지가 높아서 우울증이 나아질 수도 있지만, 그 반대로 우울증이 있는 사람이 사회경제적 지위가 낮거나 사회적 참여가 저조할 수도 있다. 가령 우울증이 있는 사람은 사회생활에서 대인관계에서 소외감을 쉽게 느끼며 사회적 적응도가 낮은 경향을 띠기 때문에 타인과의 경쟁에서 쉽게 뒤처지며 이에 따라 낮은 사회경제적 지위와 사회적 참여를 보이게 되는 것이다. 따라서 우울증의 사회적 격차를 설명하는 요인을 탐색하는 사회학적 연구에서 선택편향 효과를 배제할 수 있는 이론적 방법론적 고려가 필요하다.

이 장에서는 우울의 사회적 격차를 설명하는 논리적 근거를 생애과정 이론에서 찾는다. 생애과정life course 이론은 인간의 사회적 행위를 설명하는 데 생애사건의 맥락과 시간성을 중요시한 사회과학적 관점이다(한경혜, 2008). 이 이론으로는 생활사건life event의 발생은 발생 당시의 사회적 행위를 설명하는 데만 그치지 않고 장기적인 효과를 가질 수 있다. 특히 생활사건이 스트레스 요인으로 작용하여 심리적 부담을 일으키는 효과가 사라지는 것이 아니라 개인의 사회적 행위와 경험에 반영되어 시간이 지날수록 오히려 그 효과가 증가하는 축적 불이익cumulative disadvantage이 발견되기도 한다. 유년기 시절에 부정적인 경험을 가지거나 적대적인 환경에 노출되었던 사람이 느끼는 사회적·심리적 피해는 시간이 지남에 따라 경감되는 것이 아니라 오히려 증가하는 셈이다(DiPrete & Eirich, 2006; Ferraro & Kelley-Moore, 2003; H. S. Kim, 2011; Turner & Lloyd, 1995).

정신건강에 대한 사회학적 연구에서 이러한 생애과정 이론은 널리 사용되고 있다. 원초적 사회집단으로서 심리적·사회적 자원을 공급하는 역할을 담당하는 가족 공동체에서 발생하는 생애사건은 특히 중요한 의미가 있다. 가령 유년기에 발생한 생애사건 가운데 부모의 이혼이 정신건강과 사회적 성취에 장기적으로 미치는 영향은 이미 여러 연구에서 다뤄져 왔다. 부모의 이혼은 성인기의 우울증 증가와 유의미한 관련이 있으며 이러한 관계는 일반적으로 유년기에 부모의 이혼을 경험한 집단이 교육과 수입 측면에서 낮은 수준을 보이기 때문이라고 설명된다(Amato & Sobolewski, 2001; Ross & Mirowsky, 1999; Sobolewski & Amato, 2007). 그러나 부모의 이혼이 언제나 부정적인 효과만 가지는 것은 아니다. 부모의 이혼과 같은 부정적인 생애사건은 때로는 정신건강에 긍정적인 측면으로 작용하기도 하는데 이는 부모의 이혼 때문인 가족구조의 해체가 사회경제적 지위의 획득에는 부정적으로 작용하기도 하지만 동시에 자립에 대한 의미부여가 커져 오히려 자기통제감sense of control을 높이는 효과를 보이기도 한다(Kim & Woo, 2011). 유년기 시절 경험할 수 있는 다양한 측면의 부정적 생애사건과 성인기 정신건강에 대한 연구는 아직 제한적이다.

이 장에서 초점을 두고 연구하려는 생애사건은 유년기 시절의 학업중단 경험이다. 교육은 지식을 습득하고 사회의 규범과 문화를 내재화하며 사회적 관계를 형성하는 가장 기본적인 사회적 제도이다. 지식이 발전하고 인본주의 인식이 일반화됨에 따라 교육의 역할은 점차 커지고 있다. 특히 산업화와 현대화 과정에서 대중을 위한 학교제도가 일반화되면서 근대적 사회계층의 형성에 크게 기여하기 시작했다. 이러한 교육제도는 사회화와 지식 공급과 같은 근본 기능을 수행하지만 동시에 사회적·경제적 불평등을 재생산하기도 한다. 즉, 교육은 한 사람의 사회경제적 지위를 결정하는 데 매우 큰 역할을 담당하며 이는 이미 많은 연구에서 잘 나타나 있다. 이러한 사회 불평등의 결과 교육은 건강의 사회적 분포를 설명하는 주요한 요인으로 제시돼 있다(Adler & Newman, 2002; Mirowsky & Ross, 2008; 김진영, 2007; 우해봉, 2009). 우리나라는 교육이 가지는 영향은 더욱 크다. 왜냐하면, 불리한 지정학적 위치와 부족한 자원, 한국전쟁과 일제의 어두운 기억을 극복하고 세계에서 가장 빠른 속도로 이뤄진 우리나라의 발전은 상당 부분 교육에 입각한 인적 자원의 풍부함에서 기인했기 때문이다. 교육의 의미는 거슬러 올라가면 선비정신을 높게 평가하는 전통적인 유교적 사고방식과도 연결된다. 이러한 교육의 역할과 의미를 감안했을 때 학업중단은 교육의 기회를 박탈하거나 교육의 연속성을 저해한다는 측면에서 큰 의미가 있는 생애사건이라고 할 수 있다. 통계자료를 살펴보면 서울시교육청은 2007년부터 2011년까지 전국 초·중·고교에서 학업을 중단한 학생의 비율은 0.9%에서 1.0%라고 발표했다(〈노컷뉴스〉, 2011년 6월 20일 자). 서울 지역으로 제한해 본다면 의무교육이 시행되고 있는 초등학교는 0.7%, 중학교는 1.2%이며 일반계고는 1.2%, 전문계고는 3.4%이다. 그런데 이를 학생 개인이 초·중·고교를 다니는 12년을 기준으로 추정하면 학업중단율은 12%에 이른다. 이는 "초등학교에 입학하는 학생 8명 가운데 1명은 고등학교를 졸업하지 못하고 중도에 학업을 포기하고 있음"을 의미한다. 그리고 이렇게 학업을 중단한 학생 가운데 다시 학교로 돌아오는 학생은 22.3%에 불과하다. 지식과 창조를 기반으로 하는 현대 정보사회에서 교육의 중요성은 더욱 강조되고 있는데 이렇게 학업 중단을 경험하는 청소년의 비율이 증가한다면 이는 축적 불이익의 관점에서 장차 성인기에 경험할 수 있는 사회적 격차의 폭을 더욱 크게 할 가능성이 크다.

지금까지 학업중단은 다양한 학문 분야에서 연구됐다. 학업중단은 특히 청소년, 상담, 심리, 혹은 교육의 영역에서 집중적으로 연구됐으며 연구의 초점은 주로 학업중단을 경험하게 되는 청소년 혹은 대학생들의 개인적, 사회적 배경과 그 과정의 분석이었다(금명자, 2008; 김범구, 2012; 김성기, 2012; 이병식, 2003). 그런데 기존의 연구는 이러한 학업중단을 생애과정의 시각으로 바라보지 못한다는 한계가 있다. 즉, 유년기 시절 경험한 학업중단의 원인과 과정, 종단적 영향을 연구하는 것도 중요하지만, 학업중단이 생애사건의 하나로서 성인기까지 미치는 장기적 영향, 특히 정신건강의 측면에서 어떠한 영향을 미치는지는 아직 연구되지 않고 있다. 따라서 이러한 유년기 시절의 학업중단이 장기적으로 어떤 영향을 미치는지 신뢰성 있는 자료를 통해 밝히는 것은 학업중단이 가지는 의미를 더욱 상세하게 살펴보는데 기여하리라 생각한다.

유년기 시절의 학업중단이 누구에게나 같은 영향을 주는 것은 아니다. 왜냐하면, 이러한 경험을 한 사람들 가운데 학업중단이 정신건강의 측면에 미칠 수 있는 부정적인 측면을 상쇄시킬 수 있는 심리적 자원이 사회적으로 불균등하게 분포돼 있기 때문이다. 라이프 스트레스 이론의 관점에서 봤을 때 스트레스 요인에 노출되거나 스트레스를 경험했을 때 어떤 집단은 스트레스에 더욱 취약하지만 어떤 집단은 덜 취약한 상황이 발생하는데, 이러한 차이는 상쇄자원buffering resource의 유무로 이해할 수 있다(J. Kim & Ross, 2009; Thoits, 1982, 1995). 비록 스트레스 요인을 경험했다고 하더라도 이에 대처할 수 있는 사회 심리적 자원이 있다면 환경의 변화나 요구로 인한 생활의 재적응과 이에 따르는 불안감과 긴장을 완충시킬 수 있다. 따라서 학업중단의 장기적 영향은 생애과정과 라이프 스트레스 관점의 측면에서 복합적으로 바라볼 수 있다.

이 장에서는 다양한 상쇄자원 가운데 가족의 형성과 역할에 주목한다. 가족은 모든 사회에서 사회화, 삶에 필요한 다양한 자원의 공급, 인간관계 형성 같은 기능을 담당하는 가장 기본적인 제도이다. 가족은 물론 구성원들에게 가족해체나 가족 간 갈등, 혹은 경제적 곤란 등으로 인해 가족 구성원들의 삶에 부정적인 영향을 주기도 한다. 그렇지만, 불리한 사회적 상황에 처하거나 스트레스를 유발하는 상황을 경험할 때 이를 대처하는 데 필요한 사회적 지지social support로서의 정서적 자원emotional support을 공급해주는 가족의 역할은 여전히 핵심적인 기능 가운데 하나이다.

학업중단의 경험은 필연적으로 가족의 안정성과 밀접한 관계가 있다. 유년기 시절의 자녀들은 부모로부터 삶에 필요한 대부분의 경제적·심리적·사회적 자원을 공급받는데 교육의 기회 역시 그러한 자원 가운데 하나이다. 그러나 학업중단을 경험했다는 이야기는 유년기 시절 가족의 역할 수행 과정에서 어떤 문제가 생겼다고 할 가능성이 매우 크다. 따라서 성인이 됐을 때 유년기 시절 학업성장으로 인한 부정적 영향을 상쇄할 수 있는 자원으로 가족을 고려하는 것은 가족 역할의 중요성은 물론 스트레스 발생 요인과 이를 상쇄하는 자원의 일치 측면에서도 의미가 있다(House, Umberson, & Landis, 1988; Lin & Ensel, 1989). 따라서 여기서는 가족의 다양한 측면 가운데 혼인 여부와 가족 관계의 만족도를 상쇄자원으로 제시하며 이 변수들과 유년기 시절 학업중단의 상호작용항 interaction term이 현재의 우울증을 설명하는지를 밝힘으로써 생애과정 이론과 라이프 스트레스 이론을 검증하도록 한다. 연구는 위에서 논의한 변수들이 모두 포함된 『복지패널』 1차년도 자료를 사용하며 생애사건으로서 유년기 학업중단이 미치는 정신건강에 주는 장기효과가 혼인 여부와 가족 구성원간 만족도를 상쇄자원의 정도에 따라 어떤 차이점을 보이는지 분석한다.

2. 연구방법

1) 자료

이 장에서는 2006년에 수집된 『복지패널』 1차년도 자료를 사용했다. 2006년 조사 당시 25세 이상 60세 미만의 사람만을 연구에서 사용했다. 나이에 제한을 둔 이유는 다음과 같다. 첫째로 본 연구에서 밝히려고 하는 유년기 시절의 학업중단 경험은 17세 이전에 모두 끝난 것으로 나타나 있다. 즉, 고등학교를 마치기 이전에 경험한 학업중단 경험이 독립변수로 사용된다. 그 때문에 고등학교를 졸업한 나이보다 많은 나이를 보이는 응답자를 일단 고려했다. 그리고 25세를 하한연령으로 선정한 이유는 조절변수로 결혼 여부가 포함되어 있는데 조사 당시 여성의 평균 결혼연령이 28세이다. 추가로 시행된 분석에서 연령의 하한선을 23세 혹은 20세로 낮추어도 전반적인 결과 자체에는 큰 영향을 주지 못하고 있다. 두 번째로 상한선을 60세로 정한 이유는 유년기 생애사건의 장기 효과를 검증하기 위해서이다. 생애과정의 문헌을 살펴보면 유년기의 생애사건은 생애를 통틀어 영향을 주는 효과를 가질 수 있다고 한다. 그러나 일반적으로 노년기가 시작된다고 판단되는 시작

점인 60세로 연구대상을 제한했다. 이에 더해 본 연구에 사용된 자료는 과거에 발생한 일에 대해 회상적 질문을 사용하므로 60세 이상 연령층의 본인의 유년기 시절 경험을 묻는 말에 대한 응답의 신뢰성이 상대적으로 낮음. 일반적으로 경제활동인구를 구분하는 나이 상한선인 65세를 사용하여 추가 분석해보았으나 결과가 크게 다르지 않았다. 따라서 본 연구는 2006년 『복지패널』 1차년도 자료 가운데 25세에서 60세에 해당하는 성인 8,696명을 대상으로 한다.

2) 변수

- 종속변수: 본 연구의 종속변수는 우울증이다. 우울증을 측정하기 위해 『복지패널』 자료에서는 10개의 문항이 사용됐다. 각 문항은 "비교적 잘 지냈다," "상당히 우울," "모든 일이 힘들게 느껴짐," "잠을 설침," "외로움," "불만 없이 생활," "사람들이 차갑게 대하는 것 같은 느낌," "마음이 슬펐다," "사람들이 나를 싫어하는 것 같은 느낌," "뭐 해 나갈 엄두가 나지 않음"이었다. 이들 문항은 '극히 드물다', '가끔 있었다', '종종 있었다', '대부분 그랬다' 4점 척도로 측정됐다. 값이 커질수록 우울증이 높다는 것을 의미한다. 이 장에서는 10개 문항의 평균값이 사용됐는데 10개 문항 간 신뢰도는 .8804로 매우 높았다.
- 독립변수: 본 연구의 독립변수는 "생계가 곤란하여 학업을 중단한 경험"이 사용됐고 '그렇지 않다'(0)와 '그렇다'(1)로 구성돼 있다.
- 조절변수: 조절변수로는 혼인 상태와 가족관계만족도가 사용됐다. 혼인 상태는 기혼을 기준 범주(0)로 삼고 이혼 혹은 사별에 해당하는 비혼(1)과 미혼(2)의 범주로 구성돼 있다. 가족관계만족도는 "가족관계에 대한 만족도"로 측정됐고 '매우 불만족'(1)에서 '매우 만족'(5)으로 구성돼 있다. 따라서 이 값이 커질수록 가족관계에 대한 만족도는 커진다.

표1 통제변수의 구성과 측정

내용	측정
성별	남성(0), 여성(1)
부(父)의 교육수준	초등학교(1), 중학교(2), 고등학교(3), 전문대학(4), 대학교(5), 대학원(6)
연령	현재 나이
교육수준	초등학교(1), 중학교(2), 고등학교(3), 전문대학(4), 대학교(5), 대학원(6)
가족의 수입만족도	매우 불만족(1), 대체로 불만족(2), 그저 그렇다(3), 대체로 만족(4), 매우 만족(5)
근로유형	미취업(0), 임금근로자(1), 자영업, 고용주, 무급가족 종사자(2)
1년간 평균 흡연량	전혀 흡연하지 않는다(0), 하루에 반 갑 이내(1), 하루에 한갑 이내(2), 하루에 두 갑 이내(3), 하루에 두 갑 이상(4)
1년간 평균 음주량	전혀 마시지 않는다(0), 주 1회 이하(1), 주 2~3회(2), 후 4회 이상(3)
주관적 건강수준	매우 불만족(1), 대체로 불만족(2), 그저 그렇다(3), 대체로 만족(4), 매우 만족(5)

- 통제변수: 독립변수와 조절변수 간의 상호작용 항이 종속변수인 우울증에 미치는 영향이 허위인지를 판정하기 위해 여기서는 일련의 통제변수를 사용한다. 통제변수로 이 장에서 사용된 변수들은 성, 교육수준, 연령, 부의 교육수준, 가족의 수입만족도, 근로 여부, 흡연 여부, 음주 여부, 주관적 건강 수준이다. 아래 〈표1〉은 통제변수들이 어떻게 측정되었는지 나타내주고 있다.

3) 분석방법

이 장에서는 먼저 유년기 시절 학업중단 경험이 성인이 된 이후에도 통제변인을 고려한 상황에서 우울증에 영향을 미치는지 밝힌다. 따라서 먼저 독립변수인 학업중단 경험을 모형에 투입해 통계적 유의성을 검증하고 통제변인을 인구학적 배경 요인, 사회경제적 요인, 건강 관련 요인으로 나누어 순서대로 투입하는 위계선형모형progressive adjustment을 사용하여 학업중단 경험과 우울증 간의 관계가 허위인지를 분석한다. 그러고 나서 학업중단 경험과 우울증 간 관계가 가족 변인에 의해 조절되느냐를 분석하기 위해 학업중단 경험과 혼인 상태, 학업중단 경험과 가족관계만족도 간의 상호작용 항을 모든 통제변수가 포함된 모형에 투입해 통계적 유의성을 검증한다. 학업중단 경험은 '경험이 없다'를 준거 집단으로 삼고 '경험이 있다'가 1로 코딩됐기 때문에 상호작용 항이 양positive의 회귀계수를 보이면 혼인 여부와의 상호작용의 경우에서 기혼보다 미혼 혹은 비혼이 학업중단으로 인한 우울증에 더 취약함을 의미하며, 가족관계만족도의 경우에는 가족 관계에 더욱 만족할수록 역시 학업중단으로 인한 우울증에 더 취약함을 보임을 의미한다. 그리고 회귀분석은 가중치를 적용했다.

3. 연구 결과

1) 기술통계

〈표2〉는 이 장에서 사용된 모든 변수의 특성을 보여준다. 분석대상 가운데 약 10%(901명)가 유년기 시절 학업중단 경험이 있다. 2010년에 서울시 교육청이 추산한 학업 중단 학생 수가 전체의 약 11~12%를 차지하고 있다는 점을 감안해본다면 사용된 자료가 모집단의 특성에 근접하게 반영하는 것으로 보인다. 2006년도에 성인을 대상으로 조절변수로 사용되는 혼인 상태 여부에서 기혼은 6,585명, 이혼 혹은 사별로 인한 결혼종료가 810명, 그리고 미혼이 1,301명으로 나타났다.

표2 분석대상의 일반적 특성

	평균	표준편차	최대-최솟값
우울증	1.767	.338	1-3.9
학업중단 여부	.105	.306	0-1
부(父)의 교육 수준	1.813	1.175	1-6
혼인 상태	.392	.733	0-2
가족관계만족도	3.884	.721	1-5
성별	.515	.499	0-1
교육 수준	3.203	1.342	1-6
연령	41.178	9.627	25-59
근로 유형	.859	.714	0-2
가족수입만족도	2.644	.926	1-5
주관적 건강 수준	3.406	1.027	1-5
연간평균 흡연량	.523	.884	0-4
연간평균 음주량	.886	.942	0-3

2) 회귀분석

〈표3〉은 학업중단 여부가 우울도에 미치는 영향이 허위인지를 판단하기 위해 통제변수를 단계별로 투입해 통계적 유의성을 검증하고 있다. 〈모형1〉의 결과를 보면 학업중단을 경험한 응답자는 그렇지 않은 응답자에 비해 높은 수준의 우울도를 보이고 있으며 이는 $p < .001$ 수준에서 유의함을 알 수 있다. 그리고 이러한 관계는 부의 교육 수준과 결혼 상태, 가족관계만족도, 성별과 연령 같은 개인의 인구학적, 가족 배경 변수를 통제한 상황에서 유의하다. 따라서 유년기 시절 학업중단 여부는 성인기 우울증에 영향을 미치고 있음을 확인할 수 있다. 〈모형2〉에서는 유년기 시절 학업중단 여부가 우울증에 미치는 영향이 사회경제적 변인을 통제하고도 계속 유의함을 보이는지 분석하고 있다. 근로 유형과 가족수입만족도, 교육 수준을 통제한 상황에서 학업중단을 경험한 응답자는 여전히 그렇지 않은 응답자에 비해 높

표3 우울도에 대한 다변량 회귀분석*

	모형 1	모형 2	모형 3
학업중단 여부(1=중단경험)	.093***(.013)	.068***(.013)	.059***(.013)
부(父)의 교육 수준	–.006*(.003)	.001(.003)	–.000(.003)
혼인 상태(기혼이 범주)			
결혼종료	.165***(.014)	.149***(.014)	.138***(.014)
미혼	–.008(.011)	–.011(.011)	–.012(.011)
가족관계만족도	–.069***(.005)	–.051***(.005)	–.039***(.005)
성별(여성=1)	.053***(.007)	.022**(.007)	.038**(.009)
연령	.001(.000)	–.000(.000)	–.001**(.000)
교육 수준		–.010**(.003)	–.007*(.003)
근로유형(미취업이 범주)			
임금노동		–.069***(.008)	–.062***(.008)
자영업 혹은 무급종사		–.059***(.011)	–.054***(.011)
가족수입만족도		–.051***(.004)	–.037***(.004)
주관적 건강 수준			–.056***(.004)
연간평균 흡연량			.011*(.005)
연간평균 음주량			.009*(.004)
절편	1.959***(.030)	2.159***(.034)	2.271*(.036)
Adjusted-R^2	.073	.106	.129

*비표준화 회귀계수를 표시했으며 표준오차는 괄호 안에 명기했다. 통계적 유의도는 다음과 같은 기준을 따랐다.: *p<.05; **p<.01;***p<.001.

은 수준의 우울증을 보이고 있다. 그러나 사회경제적 요인을 통제하는 과정에서 학업중단 여부의 회귀계수의 크기는 약 27%(.093 – .068/ .093 = .268) 가량 감소했다. 이는 학업중단 여부가 우울증에 미치는 영향은 일부분 현재의 사회경제적 차이에서 기인함을 의미한다. 마지막 모형3에서는 건강과 건강행위를 추가로 투입했다. 학업중단을 경험한 응답자들은 여전히 통계적으로 유의한 수준에서 더 높은 우울도를 보이고 있다. 모형2와 비교했을 때 학업중단의 회귀계수는 약 13%(.68 – .59/ .68 = .132) 감소했다. 여

표4 우울도에 대한 상호작용 회귀분석*

	모형 4	모형 5
학업중단 여부(1=중단경험)	.044***(.015)	.287***(.061)
부(父)의 교육 수준	−.006*(.003)	−.000(.003)
혼인 상태(기혼이 범주)		
결혼종료	.235***(.015)	.134***(.013)
결혼종료 * 학업중단 여부	.089**(.034)	
미혼	−.013(.011)	−.011***(.011)
미혼 * 학업중단 여부	.021(.053)	
가족관계만족도	−.038***(.005)	−.033***(.005)
가족관계만족도 * 학업중단 여부		−.061***(.005)
성별(여성=1)	.105***(.123)	.048***(.009)
연령	−.001***(.000)	−.001***(.000)
교육 수준	−.008*(.003)	−.008*(.003)
근로유형(미취업이 범주)		
임금노동	−.062***(.008)	−.061***(.008)
자영업 혹은 무급종사	−.053***(.010)	−.053***(.010)
가족수입만족도	−.036***(.004)	−.037***(.004)
주관적 건강 수준	−.056***(.004)	−.056***(.004)
연간평균 흡연량	.011***(.005)	.011***(.005)
연간평균 음주량	.009*(.005)	.009*(.005)
절편	2.269***(.004)	2.246***(.004)
Adjusted-R^2	.130	.119

*비표준화 회귀계수를 표시했으며 표준오차는 괄호 안에 명기했다. 통계적 유의도는 다음과 같은 기준을 따랐다.: *p<.05; **p<.01;***p<.001.

기서는 학업중단 여부가 우울도에 미치는 영향 가운데 일부는 주관적 건강 수준, 흡연과 음주량의 차이에서 기인함을 알 수 있다.

통제변수들 가운데 여성은 남성보다 높은 수준의 우울도를 보이고 있으며 미취업자보다 노동자가 낮은 수준의 우울도를 나타내고 있다. 수입과 주관적 건강 수준은 낮은 수준의 우울도와 유의한 관계를 보이고 있으며 흡연과 음주는 높은 수준의 우울도와 유의한 관계를 나타내고 있음을 알 수 있다.

〈표4〉는 학업중단 여부가 우울도에 미치는 영향이 혼인 상태와 가족관계 만족도에 의해 달라지는지 상호작용 항을 투입하여 분석한 결과를 제시했다. 모형4는 학업중단 여부와 혼인상태로 구성된 상호작용 항을 투입한 결과를 보여주고 있는데 이혼 혹은 사별로 측정된 비혼과 학업중단 여부 간의 상호작용이 통계적으로 유의미한 결과를 나타내고 있다. 이는 기혼이 기준 범주임을 고려해봤을 때 학업중단을 경험한 응답자는 우울도가 그렇지 않은 응답자에 비해 높으며, 학업중단을 경험한 응답자 가운데 특히 결혼 종료를 결혼한 응답자는 기혼상태인 응답자에 비해 더욱 높은 우울도를 경험하고 있음을 의미한다. 이혼 혹은 사별을 경험한 응답자에게 유년기 시절 학업중단 경험은 더욱 높은 수준의 우울증을 유발하고 있음을 알 수 있다. 다르게 표현하면 이혼 혹은 사별을 경험한 응답자에 비해 현재 결혼 상태를 유지하는 응답자는 유년기 시절 학업중단 경험에 덜 영향받고 있음을 의미하고 이는 기혼 상태가 일종의 상쇄자원으로 대처 효과를 보이고 있음을 보여준다. 모형5에서는 가족관계만족도와 유년시절 학업중단 경험 간 상호작용의 유의성을 검정하고 있으며 $p<.001$ 수준에서 유의함을 알 수 있다. 상호작용 항은 부negative의 관계를 나타내고 있는데 이는 학업중단을 경험한 응답자는 그렇지 않은 응답자에 비해 더 높은 수준을 나타내고 있지만, 가족관계가 높을수록 학업중단의 부정적 효과가 줄어들고 있음을 알 수 있다. 즉, 가족관계가 학업중단이 우울증에 미치는 영향에 상쇄 효과가 있음을 보여준다.

4. 마치며: 가족, 오랫동안 지속해온 고난 극복의 자원

이 장에서는『복지패널』1차년도 자료를 사용하여 생애과정 관점과 라이프 스트레스 관점에 근거해 유년기 생계곤란으로 인한 학업중단 경험이 성년의 우울도에 영향을 미치는지를 살펴보고 혼인 여부와 가족관계만족도가 이 관계를 상쇄자원으로써 어떻게 조절하는지 분석했다. 결과에 따르면 생계곤란으로 인한 학업중단은 성년의 우울도 차이에 유의미한 영향을 주고 있다. 학업중단을 경험한 응답자는 그렇지 않은 응답자에 비해 사회인구학적·사회경제적 배경을 통제한 상황에서도 높은 수준의 우울증을 보이고 있다. 이는 유년기 시절에 경험했던 부정적인 생애사건의 장기 효과가 나타나고 있음을 의미하며 생애 관점의 이론이 적용되고 있음을 알 수 있다. 그러나 유년기 시절 학업중단을 경험한 응답자가 모두 같은 수준의 우울도를 보이는 것은 아니다. 그 가운데서도 결혼을 하거나 가족관계에 대한 만족도가 높은 응답자들은 학업중단으로 인한 높은 우울도가 결혼을 하지 않거나 가족관계에 대한 만족도가 낮은 사람들에 비해 상대적으로 낮음을 확인할 수 있었다. 이는 결혼과 가족관계 만족도가 스트레스 요인을 상쇄하는 자원임을 보여주는 결과이며 가족에서 기인한 부정적 생애사건이 가족 때문에 극복되고 있음을 나타낸다.

이 장은 기존의 정신건강과 관련된 생애과정 연구에서 상대적으로 연구가 미진했던 학업중단 경험을 주요 설명요인으로 제시했다는 데 첫 번째 의의를 찾을 수 있다. 특히 우리나라의 상황에서 교육의 중요성은 매우 두드러지는데 유년기 시절 경험했던 부정적인 생애사건 가운데 학업중단이라는 사건은 부모의 이혼 혹은 단순한 경제적 어려움과는 다른 함의를 가질 수 있다는 점에서 기존 연구를 확장시키는 측면이 있다. 두 번째 의의는 가족이 가진 정서적 자원의 효과를 검증했다는 점이다. 현대사회에서 사회적 제도로서 가족의 위치는 점차 축소되고 있다. 경제적 어려움과 청년고용률 저하로 인해 초혼 연령은 상승하고 여성의 사회적 지위 향상에 따른 골드미스의 증가는 1인 가구의 확대로 나타나고 있으며 전체 가구 가운데 1인 가구 비율은 2012년 현재 25%에 육박하고 있다. 물론 생활권의 확대와 세계화의 흐름은 원거리 가족의 등장을 가져오기도 했다. 하지만 가족은 보통 둘 이상의 사람들이 혼인으로 결합하고 출산 혹은 입양으로 얻은 자녀와 동거 중인 집단으로서 정의되기 때문에 구성 형태로서의 가족은 점차 해체 중이라고 할 만하다. 하지만 가족의 존재는 사회적 부담으로 짊어진 유년기 시절 학업중단과 이로 인한 높은 우울증을 상쇄하고 있다. 이는 가족이 여전히 중요한 정서적 자원을 제공해주는 제도로서 역할을 하고 있음을 뜻하며 혈연으로 이어진 가족의 형성이 사회적 부담을 줄이리라 예측할 수 있다.

그러나 여기에서 연구 결과를 당장 일반화하기에는 몇 가지 한계점도 있다. 유년기 학업중단 경험이 어떤 수준에서 얼마나 이뤄졌는지에 대한 상세 변수를 분석하지 못했다. 따라서 학업중단 경험의 다양성을 보지 못하는 한계가 있다. 가령 학업중단이 초등학교에서 일어났는지 고등학교에서 일어났는지, 중단 기간은 얼마나 되는지를 보여주는 변수들이 포함돼 있다면 좀 더 상세한 분석이 가능했을 텐데 그러지 못했다. 그리고 장기 효과를 좀더 효율적으로 분석하자면 패널모형이나 잠재성장모형을 사용할 수 있겠지만 여기서는 일단 1개년도의 자료만 분석했다. 추후 복지패널의 다년도 자료를 모두 활용할 수 있다면 좀더 효율적이면서 많은 함의가 있는 연구가 가능하리라 본다.

제7장

한국 사회의 자살과 가족, 그리고 가족주의*

송재룡

1. 들어가며

지난 10여 년 동안 한국 사회에서 자살은 가파르게 증가해왔다. 자살 유발과 관련된 여러 사회환경적 배경 요인들과 그 변화 경향성 등을 감안할 때 이 자살증가 추세는 앞으로도 계속될 것이라는 점에서 사회적 염려와 관심을 일으킨다.

국내에서 자살자들에 대한 역학 분석은 지난 1990년대부터 이뤄져 왔다. 국내의 역학 분석은 대부분 정신의학적 관점에서 개인 차원의 심인성 변인들을 주목한다. 특히 개인적 요인 중 우울증이 대표적인 자살 요인으로 간주된다. 이 입장은 양적 및 질적 분석방법을 막론하고 청소년에서 노년에 이르는 전 연령계층에 대한 자살요인 분석에서 많은 자살 연구들이 채택하고 있다.

하지만 사회학적 시각은 그러한 개인적 요인들이 불가분하게 사회문화

* 이 장은 2008년 『사회이론』 34권에 실린 논문 「한국 사회의 자살과 뒤르케임의 자살론」을 수정 · 보완한 것이다.

적 환경 요인에 의해 조건 지워지고 있다는 입장에 기초한다. 얼핏 자살 행위가 우울증과 같은 심인성 변인들에 직접 종속된 것처럼 보이기는 하지만, 더 근본적으로는 사회문화적 집합 세력의 영향을 받아 수행된다고 본다. 이 입장은 기본적으로 뒤르케임의 자살관에 기초한 것이다(Durkheim, 1951[1897]). 뒤르케임은 한 사회의 자살 현상을 사회적으로 실재하는 사실facts이라고 보았고, 이 사실은 마치 물리적 사물처럼 구체적으로 영향력을 행사한다고 보았다. 따라서 자살의 원인을 개인 차원의 심리·생리적 요인이나 인종이나 기후 등과 같은 비사회적 요인들과 관련지어 설명할 수 없으며, 개인(자살자)이 속해 있는 사회의 '집합적 경향collective disposition'의 차원과 관련된 구조적 요인들을 참고해 설명돼야 한다고 보았다.

이 장의 논의는 기본적으로 뒤르케임의 입장을 따라 한국 사회에는 자살을 조장하고 강화하는 사회문화적 차원의 '집합적 경향'이 작동하고 있다는 가정에서 출발한다. 그러나 뒤르케임의 이 가정은 사회 일반에 편재하는 일반적 기제와 현상에 대한 것이다. 그 때문에 이 개념에 피상적으로 만족하게 될 때, 뒤르케임의 '자살과 사회 통합력' 간 인과관계의 공식에 의존해 결국 한국 사회의 통합을 약화시킨다고 간주되는 사회 구조·체계적 요인들을 자살의 주요인으로 주목하는 단견에 머무르게 될 공산이 크다. 이런 입장을 통해서는 한국 사회의 자살 배경에 대한 깊이 있는 이해에 다가가기 어렵다. 따라서 이 '집합적 경향'의 단위가 한국 사회의 문화구조 저변의 기제와 불가분하게 연관되어 있다는 깊은 통찰이 있어야 한다.

이 장에서 필자는 한국적 '집합적 경향'을 주조하는 사회문화적 배경을 '가족주의적 습속familistic habits of the heart'이라고 규정한다. 따라서 한국 사회의 자살 현상은 근본적으로 개인 차원의 심인성 요인에 의해 야기되는 현상이라기보다는 이 습속 차원을 원천으로 하는 집합적 경향과 불가분의 관계를 갖는 사회문화적 현상이라고 주장한다. 아래에서 검토하고 있듯이,

이 가족주의적 습속은 한국인의 독특한 집합적 행태 의지와 정서를 배태하게 한 문화·정서적 경향성의 생성 원천이다. 그리고 이 집합적 경향성은 한국 사회에 거의 무의식적으로 깔린 '출세와 성공 지향의 강력한 의지와 동기'를 반영한다. 하지만 현대사회의 상황과 조건에서, 이 한국적인 문화·정서적 집합 경향성은 결국 개개인들에게 '욕구 불만과 좌절'이라는 실존적 불안과 위기를 강화하는 주요 배경으로 작용한다.

그리고 이 차원과 불가분하게 연결된 또 다른 차원이 지난 1990년 이후 급속하게 진행해온 현대 한국 사회 가족구조 변화의 측면이다. 전통적으로 한국 사회의 가족구조의 성격은 지난 1960~80년대의 근대화를 거치는 동안에도 서구 국가들이 겪었던 가족구조 분화의 패턴과는 다르게 '가족의 미분화' 상태를 지속해왔다. 기능주의 시각에서 볼 때, 이 현상의 지속을 통해 한국 사회의 가족은 가족주의적 문화·정서 및 언어의 자원에 기초해 구성원(개인)에 대한 보호와 정서적 배려 및 위안의 기능을 충실하게 수행해왔다고 볼 수 있다. 이 기능과 역할을 통해 한국 사회의 가족 집단은 스스로 일종의 유사상담체적 기제의 기능과 구실을 해왔던 것이다. 물론 이 (전통)가족의 유사상담체적 기제는 앞에서 말한 가족주의적 습속과 친화적으로 조응해왔다.

하지만 이 가족의 유사상담 기제는 1990년대 중반 이후 시작된 가족구조의 변화에 의해 그 기능적 쇠락의 패턴을 보이게 됐다. 또한, 이 상황은 근대적 사회분업의 확산에 따라 세속적 의미의 출세와 성공의 실현이 점점 어려워지는 사회경제적 환경과 맞물리게 됐다. 결국, 이와 같은 사회 구조의 복합적 변화 상황은 한국 사회의 개개인들로 하여금 자아 홀로만의 판단과 선택에 의지할 수밖에 없는 불안과 위기의 고통스러운 실존 상황을 야기했으며, 이것이 바로 지난 1990년대 이후 지금까지의 자살 상승을 가져온 구조적 환경이다.

아래에서 먼저 국가통계 포털(KOSIS)의 주제별 통계자료를 참고해 최근 12년간 한국 사회의 자살 현황을 개관해봄으로써, 문제의 심각성을 드러내 보기로 한다. 그런 다음 뒤르케임의 자살론의 기본 가정과 입장 등을 살펴봄으로써, 한국 가족주의 습속의 존속과 현대 가족구조의 변화 측면이 어떻게 자살 현상과 밀접하게 연관되어 있는지를 검토할 것이다. 마지막으로 이와 같은 논의와 검토를 토대로 자살 현상을 연령계층별로 분석해보고자 한다.

2. 한국 사회의 자살 현황

1) 최근 12년간 자살자 변화 추이

아래 〈표1〉은 지난 2000년부터 2011년까지 12년간의 자살자와 자살률 변화 추이를 보여준다. 이 기간에 자살률은 약 2.4배 정도 증가했으니, 매년 약 20%씩 증가한 것으로 나타난다. 2003년부터 2008년까지의 자살률은 20.0을 웃도는 수준에 머물러 있었으나 2009년부터는 30.0을 웃도는 추세를 보여준다.

2011년을 기준으로 한 해에 자살로 생을 마감한 사람들이 15,906명이다. 이는 매일 43명, 그리고 매시간 1.8명씩 자살했다는 것을 말한다. 하지만 자살을 시도하는 사람들은 이보다 훨씬 많다. 통상 자살시도자는 자살자의 최소 20~30여 배 정도가 된다고 추정된다. 이렇게 보면, 2011년 한 해에 대략 31만여 명에 달하는 사람들이 자살을 시도한 것으로 추정된다. 이는 매일 870여 명, 그리고 매시간 36명에 달하는 사람들이 우리 주위에서 여러 형태로 자살을 시도하고 있음을 의미한다.

동일 기간의 성별 자살률 차이는 대략 1.8배를 웃돌 정도로 남성 자살률이 높게 나타나는데 이는 여성에 비해 남성들이 경쟁 및 성취 지향의 도전

표1 연도별 및 성별 자살자 수 및 자살률 2000-2011*

년도	자살자	자살률
2011	15,906(10,866/5,040)	31.7(43.3/21.1)
2010	15,566(10,329/5,237)	31.2(41.4/21.0)
2009	15,412(9,936/5,476)	31.0(39.9/22.1)
2008	12,858(8,260/4,598)	26.0(33.4/18.7)
2007	12,174(7,747/4,427)	24.8(31.5/18.1)
2006	10,653(7,227/3,426)	21.8(29.5/14.1)
2005	12,011(8,026/3,985)	24.7(32.9/16.4)
2004	11,492(7,879/3,613)	23.7(32.4/14.9)
2003	10,898(7,514/3,384)	22.6(31.0/14.1)
2002	8,612(5,940/2,672)	17.9(24.6/11.1)
2001	6,911(4,852/2,059)	14.4(20.2/8.6)
2000	6,444(4,481/1,963)	13.6(18.8/8.3)
(1999)	7,056(4,953/2,103)	15.0(20.9/9.0)
(1998)	8,622(6,230/2,392)	18.4(26.5/10.3)
(1997)	6,068(4,198/1,870)	13.1(18.0/8.1)
(1995)	4,930(3,379/1,551)	10.8(14.7/6.8)

출처: 통계청 통계정보시스템(http://kosis.kr) 자료 재구성.

*1983~2007년까지의 사망 및 사망원인 통계자료는 통계의 일관성 확보 및 국제비교 가능성 향상을 위해 보정됐다. 따라서 이 표에 표시된 통계 수치들은 이전 자료들에 나타난 수치와 다소 다르게 나타난다.

적 삶을 강하게 추구하는 데서 기인하는 현상이라는 점에서 세계적으로도 보편적인 현상이다(Girard, 1993).

〈표2〉는 2011년 원인별 사망률 순위를 연령계층별로 세분화한 것이다. 10대의 자살(373명)과 20대의 자살(1,640명), 30대의 자살(2,511명)의 순위가 모두 1위를 차지한다. 그리고 40대의 자살(2,961명)과 50대의 자살(2,953명)이 각각 2위를 차지한다. 60대의 자살(2,081명)은 4위로 나타난다. 〈표3〉을 보면 10대의 경우 2008년까지는 2위대 아래에 머물렀으나 2009년부터 줄곧 1위를 차지하고 있다. 50대도 2008년까지는 4, 5위대 아래에 머물렀으나

표2 2011년도 연령계층별 사망원인 순위*

(단위는 십만 명)

연령	1위		2위		3위		4위		5위	
계	암	142.8	뇌혈관 질환	530.7	심장질환	49.8	자살 (15,906)	31.7	당뇨병	21.5
1~9	암	2.6	운수사고	2.1	선천기형	1.4	타살	0.7	추락사고	0.7
10~19	자살	5.5 (373)	운수사고	4.7	암	3.0	심장질환	0.7	익사사고	0.7
20~29	자살	24.3 (1,640)	운수사고	7.9	암	5.3	심장질환	1.5	선천기형	0.9
30~39	자살	20.5 (2,511)	암	15.7	운수사고	6.8	심장질환	4.0	간 질환	3.1
40~49	암	52.7	자살	34.0 (2,961)	간질환	15.8	심장질환	12.2	뇌혈관 질환	10.5
50~59	암	153.5	자살	41.2 (2,953)	심장질환	29.3	간 질환	29.1	뇌혈관 질환	25.5
60~69	암	390.9	뇌혈관 질환	78.1	심장질환	74.8	자살	50.1 (2,081)	당뇨병	44.9
70~79	암	873.2	뇌혈관 질환	304.9	심장질환	259.9	당뇨병	148.5	만성하 기도 질환	87.4
80+	암	1491.1	심장 질환	1155.9	뇌혈관 질환	1129.5	폐렴	544.5	만성하 기도 질환	387.1

출처: 통계청 통계정보시스템(http://kosis.kr) 자료 재구성.

*2010년 현재 자살은 70대 연령 계층에게 사망원인 6위(2,255명/84.4), 80대 이상 연령 계층의 경우 사망원인 9위(1,132명/116.9)이다.

2009년 2위로 급상승해 줄곧 그 순위를 차지하고 있다.

사망원인 1, 2위인 10~49세 연령계층의 자살은 전체의 65%를 차지한다. 이 수치가 심각한 것은 이들이 사회경제적 생산 활동이 가장 왕성한 중추적 사람들이라는 점에서 이들의 자살로 초래될 수 있는 가정적 및 사회·경제적 손실의 파장이 아주 크기 때문이다.[1]

1 2005년도 통계청 자료를 토대로 추계한 자살의 사회경제적 비용은 최소 1조 2천억 원에서 최대 3조 1천억 원에 이른다(서동우·정상혁, 2008).

표3 최근 5년간 연령별 사망원인에서 자살률 순위 변동 2007-2011

년 \ 연령	계	10~19	20~29	30~39	40~49	50~59	60~69	70~79	80~89
2011	4위	1위	1위	1위	2위	2위	4위	6위	9위
2010	4	1	1	1	2	2	4	6	9
2009	4	1	1	1	2	2	6	6	9
2008	4	2	1	1	2	4	6	6	9
2007	4	2	1	1	2	5	5	6	9

출처: 통계청 통계정보시스템(http://kosis.kr) 자료 재구성.

142쪽의 〈표4〉는 65세 이상 고령계층의 자살률이 아주 가파르게 상승하는 추이를 보려는 것이다. 2000~2011년 기간 이 연령계층의 자살률은 평균 220% 이상의 가파른 상승을 보이고 있다. 특히 75세 이상의 고령층의 자살현황을 1990년 및 1995년의 그것과 비교해보면, 20년 동안 자살률은 약 600% 정도 상승했으며, 15년 동안에는 약 350% 정도 상승한 것으로 나타난다. 이것은 20~50대 자살률의 2배를 넘는 수준이다. 특히 80대 이상의 자살률은 20대의 자살률의 거의 5배 가까이 된다.

고령계층의 자살률은 전체 연령대에 걸쳐 가장 높은 수준이며, 서구 국가들의 동일 연령대의 자살률과 비교해 볼 때도 아주 높은 수준이다. 예컨대 미국과 호주보다는 7배 정도 높고, 그리스보다는 무려 17배나 높은 수치를 보여주고 있다. OECD 국가 자살률 순위 3위인 일본보다도 2배가 넘게 높은 수준이다(남윤영, 2005; 이희완·유현숙, 2011).

65세 이상 노인 인구의 급속한 증가추세를 감안할 때, 이 연령대의 자살 상승을 심각하게 받아들여야 한다. 2011년 현재 65세 이상 노인 인구의 비율이 11.4%에 도달했으며, 매년 0.4%씩의 증가를 가정할 때 2017년경이면 고령사회의 기준인 14%대에 도달하고, 2026년이면 초고령 사회 기준인 20%를 넘어설 것으로 보인다. 따라서 노인 자살 현상에 대한 정확한 이해 및 자살예방에 관한 제도적 및 체계적인 조치들이 시급히 확보되지 않는다면,

표4 연령계층별 자살률 변동 추이 2000–2011

(단위는 십만 명)

연령 / 년	계	5~ 9세	10~ 14세	15~ 19세	20~ 24세	25~ 29세	30~ 34세	35~ 39세	40~ 44세	45~ 49세	50~ 54세	55~ 59세	60~ 64세	65~ 69세	70~ 74세	75~ 79세	80~ 84세	85~ 89세
2011	31.7	–	1.8	8.9	17.7	30.1	30.4	30.6	32.7	35.3	40.6	41.9	46.9	54.0	76.5	96.1	110.1	126.8
2010	31.2	–	1.9	8.3	18.3	29.3	29.7	29.41	31.4	36.8	38.6	42.2	46.3	60.0	76.1	94.7	112.2	144.9
2009	31.0	0.1	2.3	10.7	20.3	29.3	31.2	31.5	31.0	34.7	41.3	40.7	47.0	57.0	71.0	91.6	17.2	149.9
2008	26.0	0	1.4	8.0	19.3	25.2	22.5	26.6	26.4	30.4	31.4	35.0	40.2	54.5	66.8	80.3	109.0	124.5
2007	24.8	0	1.5	7.9	18.3	23.3	23.4	21.5	24.6	27.8	29.8	32.8	41.4	54.5	70.9	90.9	108.8	126.7
2006	21.8	0	1.0	6.2	11.9	15.5	15	18.6	22.3	27.4	32.0	35.1	41.0	53.5	68.0	83.4	112.3	112.3
2005	24.7	0	1.1	7.6	16	19.3	21.1	22.3	25.9	30.7	33.7	35.6	47.6	62.5	74.5	88.8	126.8	119.7
2004	23.7	0	1.2	6.5	12.4	15.3	17.9	23.3	27.7	31.4	36.2	40.1	46.0	58.2	74.7	92.6	126.5	133.1
2003	22.6	0	0.9	8.2	13.5	16.9	19.7	24.0	27.0	29.4	32.5	37.1	42.0	56.7	58.8	92.7	109.7	128
2002	17.9	–	0.9	6.0	10.5	14.2	16.8	20.5	20.9	24.6	27.3	29.1	34.9	36.0	52.5	71.9	94.4	101.2
2001	14.4	0.1	0.9	5.3	9.8	12.4	14.1	16.7	17.0	20.2	23.0	24.5	28.9	32.4	39.2	51.3	64.6	62.6
2000	13.6	0.2	0.7	6.3	11.0	11.2	13.4	16.8	18.7	18.9	19.8	24.6	25.5	25.9	34.4	45.5	51.7	55.1
(1995)	–	–	–	–	–	–	–	–	–	–	–	–	–	19.2	24.6	27.3	28.5(80세 이상)	
(1990)	–	–	–	–	–	–	–	–	–	–	–	–	–	14.4	13.2	12.7	18.2(80세 이상)	

출처: 통계청 통계정보시스템(http://kosis.kr) 자료 재구성.

이들 연령계층의 자살이 야기할 사회경제적 파장은 커다란 사회 문제로 대두할 것으로 보인다.

2) OECD 주요국의 자살률과의 비교

한국의 자살률이 OECD 국가 중에 가장 높다는 것은 이미 널리 알려진 사실이다. 〈표5〉는 최근 발표된 「OECD Health Data 2012」이다. 여기에 나타난 회원국들의 '연령 표준화 자살률'[2] 비교에서도 2010년 현재 한국의 자살률은 가장 높다. 해당국별 자살률 측정연도에 근소한 차이는 있지만, 국가별 자살 패턴을 고려할 때 연도별로 큰 오차는 없을 것으로 보인다. 한국의 자살률은 지난 2003년 이후 지금까지 해당 35개 국가 중 계속해서 1위의

표5 2010년도 OECD 국가의 연령 표준화 자살률 순위*

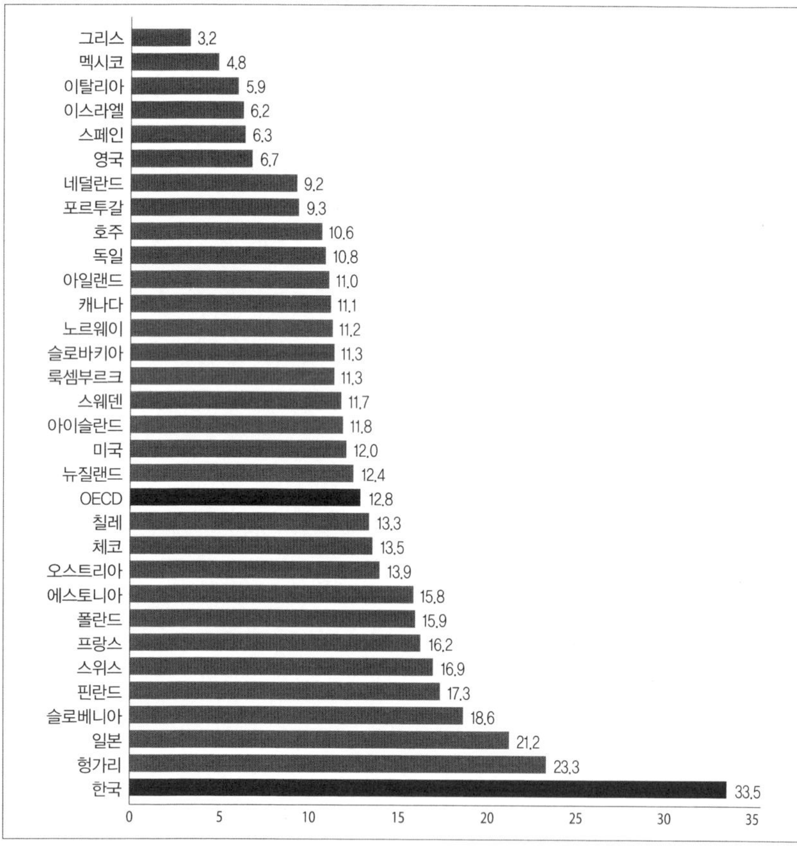

출처: 보건복지부 「OECD Health Data 2012」.

* 2010년 평균. 벨기에, 덴마크, 터키는 제외. 캐나다(2009), 칠레(2009), 프랑스(2009), 그리스(2009), 헝가리(2009), 아이슬랜드(2009), 이스라엘(2009), 이탈리아(2009), 룩셈부르크(2009), 뉴질랜드(2008), 스위스(2007), 미국(2008).

자리를 고수하고 있으며 그 격차도 크다. 이 추이는 당분간 앞으로도 계속 될 것으로 예측된다. 이 예측은 OECD 회원국 대부분의 자살률이 지난 20년간 연평균 0.52%씩 감소해왔으며, 그중 2000년 초반까지 오락가락하며 1,

---

2 연령 표준화 자살률은 회원국들 간의 연령구조의 차이를 제거해 OECD 기준인구로 자살률을 표준화한 것이다. 따라서 한국의 통계수치와 다소 차이가 있다.

2, 3위를 차지하던 헝가리, 핀란드, 벨기에, 일본 같은 국가들의 자살률도 이미 감소세로 전환되거나 정체되고 있다는 사실에 근거한다. 특히 2000년대 들어 한국의 자살 패턴은 20~40대 청·장년 계층과 75세 이상 초고령 계층을 중심으로 연평균 약 10~20%대를 웃도는 상승 추이가 지속되고 있다는 점에서, 앞으로도 한동안 OECD 회원국 중 최고의 자리에 머물 것으로 보인다.

3. 뒤르케임의 자살론

1) '사회문화적' 현상으로서의 자살

일반적으로 자살의 원인은 개인적 요인과 사회문화적 요인으로 구분된다. 개인적 요인은 개인의 심리적 및 생리적 변인들을 주목한다. 곧 자살을 시도하는 사람들이 다른 사람들에 비해 내성적이고 공격적, 충동적이고 완벽주의적이라서 융통성이 없거나 우울증에 잘 걸리는 성격 형태를 보이는 경향이 있다는 것이다. 국내 대부분의 관련 연구논문들이 중요하게 파악하는 요인들은 바로 이러한 개인 차원의 내재적 변인들, 곧 개인의 생물학적·심리적·물리적 특징이나 요인들이다.[3]

자살의 개인적 요인을 포착하는 접근법은 나름대로 설득력이 있다. 하지만 문제는 이 접근법은 그 개인적 변인들이 사회문화적 배경과 불가분하게 연결되어 있다는 것을 깊게 이해하지 못한다는 점이다. 자살의 개인적 변인

3 예컨대 우울증적 변인을 자살 수행의 대표적 요인으로 다루는 국내 연구논문들은 일일이 거론하는 것이 무의미할 정도로 부지기수이다. 필자가 참고한 최근의 자료로 김형수, 2002; 노상우·송영미, 2002; 노정민, 1998; 박은옥, 2008; 배지연, 2004; 오현아·박영례·최미혜, 2008; 이민식, 2003; 이영문, 2003; 전영주, 2001; 전영주·이숙현, 2000; 최연희·김수현, 2008.

으로 여겨지는 우울증, 고독, 소외, 좌절, 자기부정, 무의미 등과 같은 개인 차원의 심리적 또는 생리적 요인들은 자살 유발의 직접적이고 단일한 요인인 듯하지만, 사회학 시각에서 보면 이 개인적 변인들은 사회문화적 환경 요인에 의해 조장되고 강화될 수 있는 요인들임을 알 수 있다.

따라서 자살유발의 직접적(원천적) 원인으로 주목되는 개인적 변인들을 '잠재적' 요인으로 간주하는 것이 보다 설득력이 있다. 예컨대, 자살 유발의 대표적 요인으로 주목되는 우울증에 대해 얘기해 보자. 우울증은 분명히 특정 개인 차원의 심인성적 질환이다. 우울증적 요인들은 마치 유전자 불확정성 개념에서처럼 그 누구에게든지 잠재적 요인으로 존재한다. 만일 그 잠재된 우울 성향을 자극하는 상황에 지속적으로 처해있게 되면 어떤 사람은 그 우울 성향이 강화되어 중증의 증후를 드러내는 중증 상태에 빠져 자살을 시도하기도 하지만, 어떤 사람들은 그 상황에서도 결코 그 잠재된 우울 성향을 강화시키지 않는다. 그리고 엄밀한 의미의 우울증 상태에 있는 사람들 모두가 자살을 시도하지도 않는다. 또한, 의학적 의미의 우울증 상태에 있지 아니한 정상적인 사람들도 자살을 바로 앞두고 실의와 우울의 상태에 빠지지 않는다고 말할 수 있을까? 뒤르케임이 우울증과 같은 심인성적 요인들이 자살의 직접적 결정요인이 될 수 없다고 본 것은 바로 이런 문제점들 때문이었다(Durkheim, 1951[1897]: part 1).

흔히 이 영역의 전문가들은 자살 원인의 80%가 우울증이라고 진단하고 정신심리학적 접근과 분석을 더욱 확충할 필요성을 강조한다. 하지만 이 시각에는 그 우울의 발현이나 심화와 불가분의 관계를 가진 사회문화적 차원의 배경, 즉 뒤르케임이 말하는 사회의 '집합적 경향'에 대한 통찰은 빠져 있다. 이 집합적 경향이 바로 자살로 이어질 수 있는 개인 차원의 우울증을 낳는 원천이다. 이 시점에서 볼 때, 주류 정신·심리학적 시각에서 자살의 단일요인으로 간주되는 심인성적 요인들은 자살을 유발하는 독립 변수가 될 수 없다. 오히려 이들 요인은 사회문화적 환경에 종속되어 있으되 일종의 촉매 역할을 하는 잠재적 매개변수로 보는 것이 타당할 것이다.

다른 한편, 한국 사회의 급속한 근대화 과정과 관련된 물리적 변인들, 예컨대 핵가족화(가족해체), 산업화, 도시화 등과 같은 인구 및 사회경제적 변화요인들을 자살 충동의 근본 요인으로 규정하는 입장도 문제가 있기는 마찬가지이다. 가장 빈번하게 거론되는 IMF 경제위기의 예를 들어 보자. 1998년의 급속한 자살률 증가(13.1 → 18.4)가 IMF 사태로 인한 경제적 위기상황과의 인과관계를 갖는다는 설명은 일견 설득력 있게 받아들여질 수 있다. 하지만 이 설명은 2003년에 또다시 급속하게 상승한(17.9 → 22.6) 이후 현재까지 5년 넘게 지속하고 있는 높은 수준의 자살률에 대한 이유를 설득력 있게 설명하지 못한다. 일부에서는 2003년의 급속한 자살상승을 이른바 '카드 대란' 상황과 연관해 설명하기도 한다. 그러나 카드 대란은 IMF 사태처럼 급작스럽게 발생한 대규모 국가 경제적 위기 상황과는 전혀 다른 차원의 문제라는 것을 생각할 때 카드 대란을 2003년의 급속한 자살 상승을 직접 일으킨 요인으로 보는 설명은 설득력이 없다.

실제로 노영환의 『실증연구』(1990~2004년 간)는 일반적 통념과는 다르게 실직과 같은 경제적 위기 상황과 자살 간에는 통계적으로 유의미한 인과관계가 나타나지 않음을 보여준다(노용환, 2004). 이 점은 독일 사회의 자살 현황을 분석한 뉴메이어의 연구에서도 나타난다. 그는 실업과 같은 경제적 위기 상황은 자살을 상승시키는 요인으로 작용하기보다는 오히려 가족구성원들의 결속력을 강화시키는 요인으로 작용함으로써 오히려 경제적 생활을 규모 있게 이끌어 가려는 긍정적 태도를 조장하게 된다고 주장하고 있다(Neumayer, 2004).

이 설명과는 다르게 은기수는 IMF 이전(1990~97년)과 이후(1998~2004년)로 시기를 나누어 여러 경제지표와 자살률 간의 상관관계를 분석한 연구를 통해, IMF 경제위기 이후의 자살 상승이 실업률 증가나 경제성장률 하락과 같은 요인들에 의하기보다는, 오히려 불평등한 소득분배 곧 양극화 요인에 의해 야기된다고 주장한다(은기수, 2005). 이 점에서 그의 분석은 노영환과 같은 입장을 보인다.

하지만 은기수의 주장은 그 통계적 유의미성에도 불구하고 적어도 다음과 같은 점에서 한계가 있다. 우선 자살자의 자살 충동을 유발하는 경제적 위기감이 왜, 어떻게 경제적 침체나 실업과 같은 요인보다 양극화 요인에 의해서만 강화되는지를 설명하지 못하고 있다. 일반적으로 소득 양극화 현상보다는 경기침체나 실업 같은 사회경제적 상황들이 개인들이 체감하는 정도가 더욱 직접적이고 구체적이라는 측면에서 볼 때 그의 주장을 받아들이기 어렵다. 더욱이 이 분석 틀은 위의 〈표1〉에서와 같이 IMF 사태 이후 1998년의 급속한 자살상승 이후 1999~2001년 3년간 자살 감소가 지속한 현상(1998년 18.4에서 1999년 15.0, 2000년 13.6에서 2001년 14.4)을 설명하지 못한다. 왜냐하면, 이 기간이야말로 IMF 사태로 인해 야기된 양극화 상황이 극도로 심화하고 있었기 때문이다. 마지막으로, 오늘날 양극화는 한국적 현상만이 아닌 전 지구적으로 확산하고 있는 현상이라는 점을 고려할 때, 왜 그 양극화가 한국 사회에서만 자살 충동의 상승 요인으로 작용하는지를 설명할 수 있어야 할 것이다.

결국, 한 개인의 경제적 삶의 수준이나 상태를 반영하는 지표가 무엇이든 경제적 위기라는 변인과 자살 간의 인과성은 '일관된' 함수관계를 보이지 않는다는 점을 통찰하게 한다. 따라서 경제 위기라는 물리적 요인과는 독립된 또 다른 자살 유인의 환경적 변수가 장기지속적으로 작용하고 있음을 추론하게 한다.

이상의 검토를 통해 볼 때, 개인 차원의 자살유발 요인들이나 개인 외부의 특정한 물리적 요인들이 직접 자살을 충동하느냐의 여부는 그 요인들의 촉매적 성향을 자극하고 강화하는 사회문화적 차원에 대한 더욱 깊이 있는 통찰을 요구한다. 자살의 사회문화적 요인을 주목하는 이와 같은 입장은 기본적으로 모든 사회에는 자살을 수행하도록 하는 일정한 세기의 '집합적 경향'이 존재한다는 뒤르케임의 자살론 가정에 기초한 것이다.

2) 사회의 '집합적 경향'과 자살

이미 말했듯이, 뒤르케임은 '자살'이라는 행위가 개인의 순수한 주관적 선택이라기보다는, 그 개인이 속한 특정 사회 공동체의 '집합적 경향'(사회 구조의 압력과 강제력)이 영향을 미친 결과라고 보았다. 따라서 그는 자살에 대한 기존의 접근법들, 예컨대 개인의 정신·심리적 요인이나 인종이나 기후 등과 같은 물리적 요인들을 자살의 주요인으로 보는 분석 틀은 자살의 심층 원인을 분석하는 데에 한계가 있다고 보았다. 대신에 한 개인의 자살은 그가 속한 사회의 자살 경향과 연관된 사회 구조의 차원이 가지는 경향을 이해함으로써 설명될 수 있다고 보았다.

사실 뒤르케임의 자살 연구는 『자살론』보다 2년 앞서 출판된 『사회학적 방법의 규칙들』에서 제시한 자신의 사회학적 가정과 정의 및 방법론을 실증적으로 증명하기 위한 작업이었다(Durkheim, 1962[1895]; 뒤르케임, 1990). 특히 당시의 전문 자살연구가들, 예컨대 철학자, 윤리학자, 정신분석학자들의 가정이나 방법론과는 다르게 자살을 단순히 개인적 행위의 결과가 아닌 '사회적 사실'로 보고 자살의 요인을 개인 단위가 아닌 사회적 집합 단위의 기제로 설명돼야 함을 보여주기 위한 것이었다(민문홍, 2001: 94~107).

뒤르케임의 사회학적 가정과 방법론의 정수는 '사회적 사실을 사물처럼 다루어야treat social fact as things' 한다는 명제로 집약된다. 뒤르케임에게 사회는 사실적인 현상으로 이해된다. 그는 사회를 개인 밖에 존재하면서 개인을 구속하는 힘의 작동 기제를 가진 어떤 '나름대로 독특한sui generis' 실체로 보았다. 그 때문에 사회라는 현상은 마치 물리적 사물things처럼 구체적인 현상이며, 그 사회 구성원들의 행태에 직접 영향을 미치는 힘(구속력)을 행사한다(에밀 뒤르케임, 2001: 53~65). 이 명제는 뒤르케임의 사회학이 논란 속에 실재론realism과 구조주의structuralism의 속성을 띤 사회학으로 여겨지도록 하는 데 핵심적 역할을 했다.

이 명제를 풀어 설명하면 다음과 같다(Durkheim, 1962[1895]; 에밀 뒤르케임, 2001: 28~46; Parkin, 1992: 8~13). i) 사회현상은 객관적 영역으로 존재한다. ii) 사회는 (특정) 개인에게 외재하는 현상이자 힘이다. iii) 사회는 개인에게 응집적이고 강제적인 힘을 행사하는 기능을 한다. 따라서, iv) 사회현상이란 일반적이고 집합적 현상으로 이해돼야 한다는 것이다. 때문에 뒤르케임에게 사회는 전혀 명목적인 현상일 수가 없었다. 사회는 사회구성원들에게 마치 물리적 사물처럼 구체적으로 힘을 미치는 실체적인 현상이었다. 그리고 뒤르케임은 그 힘(세력)은 주로 통합력과 응집력으로 작용한다고 보았다. 따라서 사회는 연구 방법론적으로 하나의 실체처럼 형상화된 객관적 대상으로 다뤄져야 했다.

『자살론』은 이와 같은 그의 사회학적 가정과 방법론을 현상적으로 증명하기 위한 실증적 작업이었던 셈이다. 따라서 자살 현상은 하나의 사회적 사실이며 따라서 물리적 사물처럼 다뤄져야 한다고 본 것이다. 달리 말해, 자살이라는 사회적 현상은 사회 집단 차원의 사실적 경향을 실제적으로 반영하는 것이다. 그러므로 자살 현상은 결코 개인적 형태로 설명될 수 없으며, 사회가 가지는 자살 경향 및 그와 불가분의 관계를 갖는 사회차원의 집합적 경향과 관련해 설명될 수 있다.

뒤르케임은 각각의 사회는 '집합적 경향'을 가지고 있으며, 이 집합적 경향은 개인적 경향의 결과가 아니라 개인적 경향을 낳는 원천이라고 본다(Durkheim, 1962[1895]). 집합적 경향은 한 사회의 구조를 반영하지만, 그

구성원 개개인의 경향이나 사고와 독립해 독자적으로 존재하며 오히려 개인의 행태에 영향을 미치는 세력으로 작용한다(뒤르케임, 1990: 286~312).

이 점에서 뒤르케임에게 사회의 집합적 경향은 개인의 행태에 집요하고 지속적으로 영향을 미치는 힘의 자기장磁氣場과 같은 것이다. 그 때문에 얼핏 보기에는 자살이 스스로 결단에 의한 자발적 죽음인 것처럼 보이지만, 실제로는 이 집합적 경향이라는 자기장에 의해 추동된 죽음이다. 이 점에서 모든 사회에는 자살을 조장하고 강화하는 힘의 자기장이 존재한다고 볼 수 있다. 뒤르케임은 이 자살 추동의 자기장을 자살유발 추세(또는 풍조) suicidogenetic current라고 불렀다(이홍탁, 2003: 26~28; Parkin: 1992: 14).

이 시각에 따라 뒤르케임은 약 26,000여 건에 달하는 자살 사례에 대한 조사 분석을 통해 자신의 가정이 현실적으로 유의미함을 입증해 보였다. 이 조사 연구를 통해 자살의 경향은 사회 통합력과 구속력의 높고 낮은 정도에 따라 함수적 관계를 보인다고 설명했다. 뒤르케임은 자살의 유형을 이기적 자살, 이타적 자살과 아노미적 자살, 숙명적 자살, 이상 4가지 유형으로 나누었다(Durkheim, 1962[1895]; Parkin, 1992: 15~18; 민문홍, 2001: 96~8; 박병철, 2008).

첫 번째 유형은 '이기적 자살egoistic suicide'이다. 여기서 '이기적'이라는 수식어는 이 유형의 자살이 오직 자살자 자신만의 자원에 의존한 채로 스스로 죽음을 맞이한다는 의미를 반영한다. 이 유형은 현대 사회의 지나친 개인주의 경향으로 인해 일어나는 자살의 유형으로, 개인이 사회에 통합되지 못하여(소속감을 상실하여) 오직 자신의 의지와 능력에만 의존함으로써 사회가 지원해주는 정서적 안정감과 치료적 효과를 받아들이지 못하는 개인주의화 된 사람들에게 발생한다. 예컨대, 개신교도의 자살(가톨릭이나 유대교도와 비해 자살률이 높음), 이혼자, 미망인, 독신자, 교육자(비 교육자에 비해) 등의 자살이 있을 수 있다.

두 번째 유형은 '이타적 자살altruistic suicide'이다. 여기서 '이타적'이라는 말은 쉽게 말해 자살의 이유가 자기본위적이지 않고 타자본위적, 곧 '남을 위해 죽는다'라는 의미가 있다. 이 유형은 강력한 통합력(소속감)이 작용하는 (주로 기계적 연대에 기초한 사회) 환경에서의 자살로, 개인이 집단에 완전히 동화되어 있어 집단의 목적이나 정체가 자기 자신의 것과 동일시될 때 발생한다. 예컨대 단순 농경사회에서의 노약자의 자살(고려장), 죽음을 무릅쓴 전쟁터에서의 싸움이나 전투에 패한 장군(무사)의 자살, 태평양 전쟁 시 가미가제나 오늘날의 자살공격, 정치적 메시지 전달의 방법으로서의 분신자살, 종교인의 순교, 가문의 영광을 지키기 위한 자살, 침몰하는 선박과 함께 자살하는 선장 같은 유형인데 현대사회에서는 찾아보기 드물다.

세 번째 유형은 '아노미적 자살anomic suicide'로, 집단 무질서적 자살로도 불린다. 이 유형은 개인의 사회적 환경이 급격히 변화하여 기존 사회의 집합적 경향이 그 개인의 기대와 욕망에 대해 설득력 있는 규범이나 규율을 제공하지 못함으로써 발생한다. 곧, 개인이 그 새로운 변화 상황에 대처할 수 있도록 사회가 더는 강력한 구속력을 행사할 수 없을 때 발생하는 현대의 자살 유형이다. 집단 무질서적 상황에서 현재와 미래를 유의미하게 연결해주는 자기 연속성self-continuity을 확보하지 못하는 개인들은 자살 충동을 하게 된다. 예컨대 로또 복권 당첨이나 주식 폭락으로 인한 자살, 인기가 순식간에 폭락하거나 폭등한 연예인의 자살, 갑작스러운 실직에 따른 자살 같은 유형이 이에 속한다.

아노미적 자살은 어느 점에서 이기적 자살과 유사하다고 할 수 있다. 하지만 이기적 자살이 개인이 사회에의 소속감을 갖지 못하는 상황, 곧 낮은 연대감의 상황에서 발생하는 것이라면, 아노미적 자살은 일시적이나마 개인의 기대와 열망에 대해 사회에의 연대감이 '현실적'으로 결핍된 상황에서 발생한다는 점에서 두 유형은 서로 구분된다.

마지막 유형으로 '숙명적 자살fatalistic suicide'이 있다. 이 유형은 스스로 죽음 이외에는 그 어떤 자율적인 행동을 할 수 없는 아주 강력한 압력, 곧 구속적 통제가 가해지는 극단의 상황에서 일어나는 자살의 유형으로 현실 세계에서는 아주 드물게 발생한다. 노예의 자살, 전쟁포로나 장기복역수의 자살이 그 예다.

이상의 논의를 요약해 보자. 뒤르케임의 자살 분석은 그의 사회학적 가정, 정의 및 방법론을 현상적·객관적으로 증명하기 위한 작업의 일환이었다. 사회적 사실로서의 자살 현상은 그 사회의 구조성을 반영하는 집합적 경향을 고려하지 않고는 설명될 수 없다는 뒤르케임의 통찰은 아주 중요하다.

모든 사회는 자체적으로 고유한 집합적 경향을 보인다. 집합적 경향은 비가시적이지만 마치 물리적 사물의 현상과 같이 실재하며 마치 자기장과 같이 구체적인 세력을 행사한다. 특히 해당 사회 개개인들의 행태를 추동하는 데에 지배적인 영향을 미친다. 이 집합적 경향은 개인적 경향의 축적 결과나 그 집합체가 평균적으로 갖는 어떤 공통분모가 아니라 오히려 그 개인적 경향이라는 옷이 만들어지는 옷감과 같은 것이다. 이 집합적 경향은 우울증, 고독, 소외, 좌절, 자기부정, 무의미 등과 같은 개인적 경향으로 표현되는 자살유발 추세(풍조)를 낳는 원천이다. 사회의 통합력과 구속력의 정도와 관련해 이기주의, 이타주의 및 아노미 등과 같은 유형의 자살 수행의 경향에 직접적 영향을 미친다.

하지만 현대사회에서 이 집합적 경향을 반드시 사회적 통합성 곧 연대 및 압력의 정도와 연관해 규정지을 필요는 없다. 이 집합적 경향은 마치 그람시의 문화적 헤게모니와 같이 해당 사회의 개인들을 자살로 이끌어가는 일정하고 지속적인 '문화·정서적 힘'의 단위로 이해될 수 있다. 곧, 자살을 수행하게 하는 개인적 성향들이 사회의 문화·정서적 집합 경향성에 의해 지배를 받는다는 것이다. 이 특정의 집합적 경향성은 개인 차원의 자살 충동

요인들을 조장·강화시킨다. 이런 의미에서 한국 사회 또한 그 고유의 자살 경향을 보이고 있다고 말할 수 있다. 그렇다면 한국 사회의 자살을 충동하는 집합적 경향의 정체는 무엇일까?

4. 가족주의 습속 및 가족구조의 변화와 자살 현상

한국 사회의 자살 증가 현상은 한국 사회에 고유한 자살 경향을 반영하며, 또한 이 경향은 한국 사회의 문화·정서적 구조 차원을 반영하는 '집합적 경향'에 의해 영향을 받고 있다. 이 집합적 경향은 한국 사회에 특유한 장기 지속적 환경 요인인 가족주의적 전통의 문화 정서의 차원과 연관되는 것으로, 필자는 이를 '가족주의 습속'으로 규정한다. 이 가족주의 습속은 뒤르케임적 의미의 힘의 자기장처럼 작용하며, 따라서 개인들의 삶의 행태를 구속하고 추동하는 근원이 된다. 이 가족주의 습속은 현대 한국 사회의 가족구조의 변화 측면, 곧 가족의 유형과 관계성의 변화 추세와 과정에도 큰 영향을 미친다.

1) 가족주의 습속

가족주의 습속은 조선 시대부터 형성된 유교적 관념과 가치체계의 전통에 깊게 뿌리박고 있으며, 오늘날까지도 강력한 문화·정서적 차원의 강력한 집합적 경향의 형태로 영향을 미치고 있다. 가족주의 습속에 대한 이해를 위해서는 먼저 유교적 가족주의 전통에 대해 살펴볼 필요가 있다.[4]

가족주의는 기본적으로 혈족적 또는 씨족적 근친관계에 두드러진 가족중심주의적 논리와 메커니즘을 개개 집단이나 조직의 통합과 질서를 유지하기 위한 제일의 준거 기준으로 삼고, 이의 정당화를 지속적으로 강화해

가는 집합적collective 행태나 현상을 말한다(송재룡, 2002: 19; 2009). 이 유교적 가족주의 가치체계는 조선 시대 이후 강력한 문화·정서적 경향으로 자리 잡았다. 특히 이 가족주의 가치체계가 한국 사회에 미친 가장 강력한 영향은 '출세와 성공'을 통해 사회적 지위를 획득하고 가문의 영광을 드러낸다는 입신양명주의적 및 숭문주의적 의지와 정서이다.

얼핏 보면, 현대 한국 사회에서 그 누구도 드러내 놓고 출세와 성공을 통해 가문의 영광을 구하려 하지 않는다는 점에서 이 가족주의적 의지와 정서의 원형은 사라진듯하다. 하지만 아래에서 논의하고 있듯이, 이 가족주의적 의지와 정서는 오랜 역사적 전승을 통해 형성되어 온 문화·정서적 현상이라는 점에서 쉽게 사라지지 않고 지속적으로 영향력을 행사하고 있다.

박영신은 이 가족주의 전통이 한국 사회의 특성을 구성하는 지배적 원리이자 기제가 되어 왔음을 계속 강조해 왔다. 그는 한국 사회의 '조직 원리는 가족주의이며, 우리의 윤리 지향성은 바로 여기에 터하고 있다. 무엇이 올바르고 그른가 하는 것은 근원에서는 가족에 대한 배려와 관심, 나아가 위계 질서와 친밀성의 원형이 되는 가족 관계를 유지하는 데 필요한 가치에 얼마나 충실하고 어울리는가에 달렸다'라고 규정한다(박영신, 1998: 186; 2001: 16). 아래에서 논의되고 있듯이, 박영신은 이 가족주의적 전통은 사회구성원들로 하여금 한국 사회 특유의 집합적 의식과 가치를 지향하도록 구조화하는 강력한 지평이나 틀처럼 작동한다고 보고 있다.

우선, 한국의 유교적 가족주의 가치체계가 '출세와 성공' 지향의 의지와 정서를 배태하고 있다는 점에 대한 이해를 위해 베버의 유교 이해를 검토해보자. 베버에 의하면, 유교 문화권에서의 일에 대한 가치관은 일 자체가

4 한국 사회의 지배적인 구조적 특성을 가족주의 개념과 관련해 다룬 글로는, 박영신(1987;1995;1998; 2001 여러 곳), 최재석(1982)과 최봉영(1994)을 볼 것.

하나의 소명(목적)으로 수용된 서양 기독교 문화권과는 다르게 부와 지위를 획득하기 위한 수단으로 받아들여지게 된 배경으로 작용해왔다(Weber, 1951). 또한, 학문적 지식의 연마도 과거제도와 같은 시험에 통과하여 입신양명을 이루기 위한 도구적 요식 행위로 간주했다. 그리고 학문으로서의 유교도 민간의 현실 삶의 영역과 실용적 관계를 갖는 합리적 학문으로 정착되지 못하고 관념적·도구적 학문으로 정착하게 됐다.

베버의 시각은 대표적 유교 국가였던 조선 사회의 현실에 대한 이해와 관련해서도 시사하는 바가 크다. 조선 시대에 강하게 뿌리내린 입신양명주의는 교육을 통한 입신을 통해 '부모와 가문의 영광을 드러내는 것이 효의 완성'이라고 보았던 유교적 가족주의 가치를 잘 반영한다. 과거제도는 이러한 입신양명주의의 도구적 측면을 가속하는 제도적 기능을 수행했다. 그리고 이 입신양명주의 가치는 교육을 숭상하는 숭문주의 가치, 그리고 일정한 지위집단에의 소속을 뜻하는 문벌주의 가치 등과 함께 조선 시대의 지배적 교육문화 가치를 형성했다(강창동, 1996: 9). 이 교육문화 가치는 조선조 이후 문화·정서적으로 깊게 뿌리를 내린 가족주의적 전승을 통해 현대 한국 사회에도 가족집단의 지위와 명예에 집착하는 강력한 교육 정서 문화가 형성되는 데에 지배적 영향을 미쳤다.

오늘날 한국 사회에서 교육은 내집단주의적인, 다시 말해 우리주의Weism or Weness적인 성격이 강한 가족주의 문화 속에서 배타적 신분과시와 구별짓기 의식이 강한 지위집단에 연결되는 가장 유효한 문화 자본으로 공고히 자리 잡고 있다(송재룡, 2004: 57; 2012: 77~81). 이 점은 한국 사회의 교육, 특히 대학 교육이 출세하고 성공하여 개인적 지위와 가족의 명예를 획득할 수 있는 유효한 수단과 방법이라는 문화·정서적 집합의식을 형성했으며, 따라서 이 경쟁의 대열에서 낙오될 수 없다는 강박적인 집착이 한국 사회 특유의 과열되고 왜곡된 대학입시 중심의 교육문화가 형성되고 지속하는 배경이 되었다.

출세와 성공 지향의 입신양명주의적 및 숭문주의적 의지와 정서는 가족주의 전통의 핵심이다. 이 의지와 정서는 단기간에 걸쳐 외부로부터 전파되거나 이식된 현상도 아니며 개인적으로 선택한 경향도 아닌 오랜 역사적 전통을 통해 형성되어 온 문화·정서적 현상이다. 문화·정서적 현상으로서의 가족주의적 경향성은 벨라가 말하는 '마음의 습속habits of the heart'과 같은 속성을 가진다(Bellah et al., 1996). '마음의 습속'은 사회의 사실적 현상으로 개인의 의지와 경향을 초월해 독자적으로 존재하며, 여타의 다른 합리적 의욕과 동기를 압도하며 유지·존속되는 세력으로 작용한다.

사실 이 점은 습속이 갖는 존재 구속성의 측면을 말하는 것이다. 이에 대해 송재룡은 다음과 같이 말한다(송재룡, 2002: 12).

습속은 한 사회의 집합적collective 삶에 속성을 부여하고 특정한 방향으로 몰아 정형화시킴으로써, 그 사회의 '삶의 유형'을 만들어 가는 힘으로 작용한다. 후쿠야마가 주목하듯이, 습속은 마치 '윤리 코드ethical codes'와 같다. 습속은 우리가 흔히 말하는 습관과는 거리가 멀다. 습속은 문화의 형식을 취하며, 기능적으로 인간의 사회적 행위를 규정하는 도덕적 룰의 역할을 한다(Fukuyama, 1995: 35). 한 사회의 성격과 문화적 특성을 이해하는 데에 이 습속이 갖는 존재 구속성의 차원에 대한 이해는 필수적이다(원문의 각주를 본 인용문에서는 본문의 괄호로 처리했음).

이렇게 볼 때 가족주의 습속은 한국 사회 구조의 문화·정서적 및 언어적 차원의 '집합적 경향'을 달리 이르는 말이기도 하다. 이 가족주의 습속은 한국 사회 구성원들의 의식과 행위를 구속하고 추동하는 힘의 자기장과 같은 역할을 수행한다. 이와 같은 가족주의 습속의 존재 구속적 역학에 대한 이해가 결여될 때, 한국 사회를 구속하고 추동하는 '보이지 않는 힘invisible forces'의 정체를 알 수 없게 되며, 한국인들의 사회적 행태의 불가사의한 역동성의 측면을 제대로 이해하지 못하게 된다. 즉, 한국 사회의 문화 구조 차원에 대한 깊이 있는 통찰이 불가능해진다.

한국 사회는 근대 사회로의 진입 이후 그 구조와 형식 차원의 합리화 노력에도 현실적 삶의 전개 과정에는 아직도 이러한 (유사)가족주의적 습속이 강하게 영향을 미치고 있다. 현대 한국인 성취동기의 수면 밑에는 이러한 '출세와 성공 지향의 강력한 의지와 동기'가 문화와 정서 및 언어 차원의 집합적 경향으로 작동하고 있다.

이 '출세와 성공지향의 강력한 문화·정서적 경향'은 한국 사회의 구성원들에게 강박적이고 고통스러운 존재론적 조건으로 작용한다. 더욱이 세속적 의미의 출세와 성공의 실현이 점점 더 힘들어지는 현대 사회의 환경에서는 심리적 및 경제적 측면에서뿐만 아니라 일상적 측면에서도 과도한 욕구 설정에 따른 욕구불만과 좌절, 강박적 집착, 의미상실과 우울증 등의 상태에 빠지게 되며, 결국 이에 따른 자살에의 충동 상황으로 내몰리게 된다.

한국 사회의 사회문화적 현상에 대한 이해는 이러한 가족주의적 습속과 같은 문화·정서 차원의 집합적 경향의 작동에 대한 통찰 없이는 단편적이고 피상적인 분석 수준에 머무를 공산이 크다. 한국적 자살의 고유한 경향 또한 이 차원이 미치는 영향력과 불가분의 관계를 가진다.

2) 현대 가족구조의 변화

하지만 1990년대 후반 이후 지속적으로 상승하는 한국 사회의 자살현상은 가족주의 습속이라는 '집합적 경향성'만의 단일 요인에 의한 것이 아니라는 것을 알아야 한다. 이 차원과 불가피하게 친화적 관계를 맺어온 한국 사회의 가족 구조의 차원, 곧 가족 유형 및 관계성의 변화 측면에 대한 이해가 그것이다.

1990년대 이후 드러나기 시작한 현대 한국 사회 가족구조의 변화는 가족주의적 습속의 기제와 친화적으로 병행하며 작동해 왔던 이른바 가족의 유사상담체적 기능의 점증적 쇠락을 가져왔다. 이 기능의 쇠락 또는 해체는 개인의 자율적 판단과 선택의 논리를 강화하는 포스트모던적 서사의 등장과 더불어 더욱 가속화되었다.[5]

그러나 한국 사회에 관한 한 이 포스트모던 상황과 조건에서도 가족주의 습속의 경향성은 그렇게 쉽게 변화되지 않는 경향이 있다. 그 때문에 개인들은 아직도 출세와 성공지향의 강력한 문화·정서적 경향의 자장에서 벗어나지 못하다. 하지만 이 집합적 경향과 친화적으로 조응해오던 가족적 유사상담 기제의 점진적 약화는 한국 사회의 개인들로 하여금 자아 홀로만의 판단과 선택을 강요하는 고통스러운 현실과 맞닥뜨리게 하는 배경이 되었다. 이것이 바로 최근의 자살 상승의 구조적 환경을 구성하고 있는 또 다른 배경적 요인이다.

이에 대해 논의해보자. 1990년대 중후반 이후 한국 사회에서 일어나 변화의 스펙트럼은 아주 크고 넓다. 그중의 하나가 가족 구조 및 관계 영역에서의 변화이다. 지난 1960년대 산업화의 가속화로 가족의 구조가 대가족에서 핵가족으로 전환되는 유형적 변화가 일어났다. 하지만 이 유형적 변화가 가족 구성원 의식구조의 차원 변화에까지 크게 영향을 미치지는 못했다. 그 주된 이유는 국가적 통치 이념과 시스템이 필요로 했던 가족주의 이데올로기의 작용 때문이다.

---

5 포스트모던 서사의 등장은 '자살'에 대한 근대주의적 입장, 곧 자살을 일종의 부적응적 정신 병리 현상으로 보는 입장으로부터 개인의 자율적 선택 행위의 일종으로 간주하는 전환적 입장을 낳았다. 마치 쇼펜하우어, 괴테, 카뮈 등의 문학 작품에서 나타났던바 있는 낭만주의 시대의 자살 예찬론에 비견될 수 있는 문화적 분위기를 형성했다. 특히 1990년대 후반 이후 한국 사회에 형성된 포스트모던 형 자살 문화는 온라인 공간과 대중매체를 통해 더욱 확산하는 추세다. 포스트모던 자살 문화에서의 자살은 이를테면, '시뮬라시옹(의태)으로서의 자살', '유희화(희극화) 된 자살', '안전한 죽음으로서의 자살' 등과 같이 사유화된 행위의 일종으로 그려진다. 자살을 개인의 자율적이고 자유로운 선택 행위로 보아야 함을 역설한 쿠이테르트(Harry M. Kuitert)의 입장은 이와 같은 포스트모던 형 자살 예찬 경향을 잘 반영한다(게르트 미슐러, 2002).

당시의 한국식 돌진형 산업화주의의 추동 모터는 가족의 힘, 곧 가족중심주의적 가치와 이념, 그리고 이에 기초한 합목적적 근로 이념과 덕목에 의존한 것이었다. 곧 한국적 산업화의 성공적 수행 과정에서 가족이 수행한 역할은 아주 핵심적이다. 그러나 이 형식의 산업화 과정의 정형화가 가져온 역기능은 '가족의 미분화' 현상이다. 서구 사회에서의 '가족 분화'가 일찍이 19세기 중반의 산업화 과정을 통해 이루어졌듯이, 산업화 과정은 가족 유형의 분화를 일으키며, 가족의 전통적 기능과 역할이 제도적 영역에 이전되게 한다. 하지만, 한국적 산업화 과정에서 이와 같은 기능적 대체 및 이전 현상은 아주 더디게 일어나거나 혹은 일어나지 않았다.

이 현상은 이득재도 지적하고 있다. 그는 한국적 근대화의 과정에서 국가가 제도적으로 떠맡아 가야 할 공적 책임 영역이 가족 영역에 그대로 묶이거나 전가되어 가족을 이용(착취) 모델로 삼는 개발주도형 통치 체제를 만들어왔다고 주장한다. 이 현상을 가족의 이름으로 국민의 어깨에 가능한 모든 것을 전가한 '가국체제家國體制'라고 규정한다(이득재, 2001).

가족은 국가 권력의 희생물이다. 하지만 우리는 가족의 소중함, 가족의 사랑 때문에 가족이 국가 권력의 희생물이라는 생각을 못한다. 왜냐하면, 가족 내의 사랑과 애정이라는 것이 워낙 원초적인 감정이기 때문이다. 즉, 가장이 직장을 잃어도 가족끼리 보듬어 넘어가야 하는 문제인 줄로 알고 있다는 뜻이다. 하지만 바로 그것이 우리는 국가 권력이 가부장제 뒤에서 하는 일이다.

기능주의 시각에서 볼 때, 이 현상의 지속을 통해 한국 사회의 가족은 가족주의적 문화·정서 및 언어의 자원에 기초해 구성원(개인)에 대한 보호와 정서적 배려 및 위안의 기능을 철저히 수행해왔다. 이러한 기능과 역할을 통해 가족 집단은 스스로 일종의 유사 상담체로서의 기제로 작동해왔다.

하지만 앞에서 말했듯이, 근대 사회로의 진입에도 오랫동안 가족이 수행해오던 유사 상담체적 기제는 1990년대 이후 쇠락해갔다. 이 변화는 가족 유형의 다변화와 연관된 구성원 개인의 자율성 의식의 확산 현상, 그리고 가족 구성원의 관계성이 권위주의적 관계성에서 정서적 친밀성intimacy에 기초한 관계성으로 전환되는 과정에서 야기된 것이다. 이 변화는 직접 오랫동안 가족 집단에 자리 잡아 왔던 유사 상담 기제의 약화나 해체를 의미한다. 그러나 정작 심각한 문제는 이렇게 해체되고 있는 (전통적) 가족 기능에 대한 제도 차원의 기능적 대체가 신속하게 이뤄지지 않았다는 점이다.

이것은 바로 가족과 사회를 통틀어 공식적 및 비공식적 상담 기제의 공백 현상을 말하는 것이다. 물론 의학 및 정신심리학의 영역의 전문가들이 어느 정도 이 역할을 수행하고 있다. 하지만 그 영역의 제도적 체계화는 아직도 미진한 상태이며, 또한 경제적 및 문화·정서적 측면에서 볼 때 한국 사회의 개인들이 쉽게 다가갈 수 있을 만큼의 쉬운 접근성이 확보된 상태도 아니다. 다시 말해, 의학 및 정신심리 영역의 전문가 체계는 개인들에게는 아직도 쉽게 다가갈 수 있는 영역으로 느껴지지 못하고 있다. 이는 심리 상담사나 치료사와 같은 전문가 체계의 제도화가 아주 열악한 현실에서 기인하기도 하지만, 다른 한편 이들 전문가 체계를 통한 상담 자체를 기피하는 한국인의 정서문화에서도 기인한다.

더욱이 이 상황과 조건은 자율성과 자유 이념의 증대 추세와 더불어 현대 한국인들의 '생활 서사life narratives'가 가족 집단 상담문화에의 의존으로부터 자아 홀로만의 판단과 선택에 의존한 문화로의 급속한 전환을 이루게 되는 배경을 형성한다. 이 변화는 흔히 말하는 집단 구성원 간의 결속감이나 연대감의 약화 현상을 말하는 것과는 다르다. 이미 말했듯이, 이는 가족 구성원 간 관계성의 양식이 변화하는 것을 말한다. 바로 이 점에서, 이 차원의 변화가 가족주의 습속과 같은 집합적 경향의 세력을 약화시키는 요인이나 배경이 되지 못한다.

이것이 바로 현대 한국 사회의 개인들이 마주하는 불확실하고 모호하고 위험한 사회문화적 실존 조건과 상황을 말하는 것이다. 이는 현실적으로 힘겨운 삶의 조건으로 작용한다. 전통적 유사 상담 기제의 쇠락 상황과 이를 대체할 수 있는 제도적 상담 기제의 부재 상황은 결국 자살을 조장하는 개인적 경향들이 증대하는 환경을 야기한다.

물론 가족구조의 변화가 자살 유발의 직접적 요인이 될 수는 없다. 개인 차원의 변인들과 마찬가지로 가족구조의 변화 요인 또한 한국의 가족주의 습속, 곧 문화·정서 차원의 집합적 경향의 영향력 경계 안에서 작동하는 일종의 하위 변인 중의 하나로 보는 것이 옳다. 이상의 논의는 한국 사회의 자살현상에 대한 문화 구조적 이해에 대한 것이었다. 이를 그림으로 나타내면 162쪽의 〈그림1〉과 같다.

5. 자살 현상의 분석 : 연령·계층별

이상의 논의를 통해 필자가 제시한 한국 사회의 자살 현상에 대한 문화 구조적 이해는 〈그림1〉에 나타난 대로, 한국 사회의 '집합적 경향성'의 작동에 대한 구조적 이해에 기초해 자살 유발의 개인적 변수 요인들이 어떻게 문화 구조의 기제를 통해 형성되는지를 깊이 있게 통찰하게 한다. 아래에서는 이 이해에 기초해 한국 사회의 자살 현상을 연령계층별로 나누어, 청소년, 장년과 노인의 순으로 분석해본다.

그림1 한국 사회의 자살 현상: 문화구조적 이해

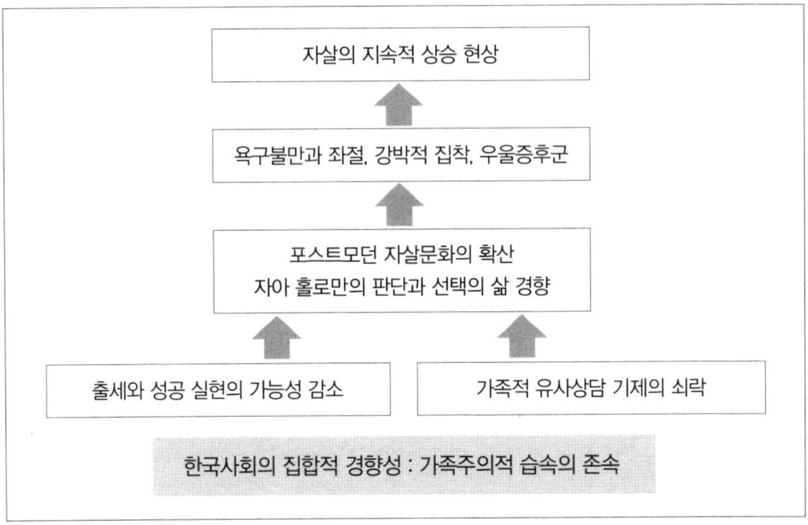

1) 청소년층의 자살 현상

140쪽의 〈표2〉에서 제시됐듯이, 10~20대 청소년의 자살은 사망 원인에서 모두 1위를 차지한다. 최근의 자살 증가율 추세를 감안해 볼 때, 이 수준은 당분간 계속 유지될 것으로 예상된다.

기존 연구들은 이 연령계층의 자살 원인을 발달(성장)이론의 가정에 따라 분석해온 경향이 두드러진다. 곧 청소년기의 심리·정신적 및 생리적 특질들을 주된 자살 유발의 주된 요인으로 주목해, 그 특질들이 특정 환경 조건에서 조장·강화됨으로써 자살 충동 상태에 빠지게 된다고 보는 경향이 지배적이다. 자살 충동의 요인들로 예컨대 절망, 우울, 정신 병리, 인지적 경직, 스트레스 같은 개인 차원의 심인성 요인들이 거론된다(김춘경·홍종관, 2003; 노상우·송영미, 2002; 노정민, 1998; 박은옥, 2008; 오현아·박영례·최미혜, 2008; 이민식, 2003; 장일순, 2004; 전영주, 2001; 전영주·이숙현, 2000).

이와 같은 접근 경향은 1990년대 이후 확산한 인터넷 상의 자살 사이트를 통해 번지는 청소년 자살 현상을 다루는 데서도 드러나 보인다. 이 경향의 연구들은 사이버 공간에서 드러나는 자아의 심리적 특성을 익명성과 충동성, 부적응 정서, 낮은 자존감, 유희성, 인지적 몰락 등으로 규정하고, 이러한 변인들이 자살과 같은 부적응적 행동을 낳게 하는 주요인으로 작용한다고 본다(주리애·권석만, 2001: 108~111). 연구자 대부분은 오늘날의 청소년들이 과거의 청소년들보다 꿈이 작고 현실 세계를 대면하기를 두려워하는 심약한 특성이 있으며 그와 동시에 충동적이며 자기 중심성이 강하고 인내심과 극기심이 부족한 기질을 가진다고 본다(노상우·송영미, 2002). 따라서 자살예방을 위한 해법들 역시 청소년 스스로가 자율적 대응 능력을 갖춘 성숙한 인격체로 성장할 수 있도록 도덕 교육적·지성적 차원에서 도와줄 방법들을 제시하는 선에 머물고 있다.

다른 한편, 최원기는 최근 연구에서 뒤르케임의 자살유형을 더욱 세분화한 수정모델을 제시해 한국 사회 청소년 자살의 유형을 이타적·숙명적이라고 규정한다(최원기, 2004). 그것이 이타적 자살인 것은 한국 사회의 강한 가족 집단적 가치관에 기초한 연대성 때문에 청소년 개인들의 권리 보장이 자발적으로 보류되는 상황에서 나타나기 때문이다. 그리고 그것이 숙명적 자살인 이유는 청소년들에 부과된 강력한 타율적 통제들을 준수할 수밖에 없는 사회 환경에서 발생한다는 것이다. 이 연구는 어느 정도 유형 세분화 모델의 작위성이 드러나 보이기는 하나, 한국 사회의 청소년 자살 원인을 사회 구조의 차원과 연결해 분석하고 있다는 점이 돋보인다. 그러나 최원기가 제시하는 해법의 경계는 제도·시스템론적인 전형에서 벗어나지 못하고 있으며, 따라서 한국 사회의 문화·정서 차원에서 작동하는 '집합적 경향'에 대한 깊이 있는 논의가 전개되지 못하고 있다는 점이 아쉽다.

이러한 접근방법들이 간과하는 것은 개개의 단일한 개인적 또는 사회적 요인들이 자살 유발의 필요조건은 될 수 있지만, 충분조건은 되지 못한다는 통찰이다. 위에서 검토했듯이, 그 개개의 요인들이 자살이라는 구체적 행위로 이어지려면 문화·정서적 차원의 집합적 경향의 세력에 의해 그 단일 요인들의 부정적 성향이 더욱 조장·강화돼야 한다. 이 점에서, 한국 사회에는 청소년들의 개인 차원의 자살유인 요인들을 조장·강화하는 강력한 집합적 힘이 정서·문화적 형태로 작동하고 있다고 통찰할 수 있다.

우리의 청소년들을 자살로 몰아가는 한국 사회의 집합적 경향은 구체적으로 무엇일까? 이는 바로 세계에서 유래를 찾기 어려울 정도로 왜곡의 극치를 달리는 과도한 입시 중심의 교육문화 형식으로 나타나는 집합적 경향이다. 물론 많은 연구들이 한국 사회의 과도한 입시교육 경쟁에서 기인하는 심리적 압박 환경이 자살을 충동한다는 점을 주목한다(김용숙, 2003: 75~77; 김춘경·홍종관, 2003; 문경숙, 2006; 손병덕, 2005; 전영주, 2001; 최병목, 2002: 58).

하지만 그들이 제시하는 전형적 해법들은 대부분 제도나 프로그램의 신설이나 보완을 통한 입시중심 교육환경의 개선이나 청소년 자신의 현실 적응력을 높이는 가족적·심리적 지지 프로그램의 적용이나 사회 안전망 구축 정도에 머물 뿐이다. 그 때문에 한국적 교육 환경의 이면에서 작동하는 가족주의 습속에 의해 형성된 왜곡된 교육문화 때문에 청소년들의 삶과 정서가 뒤틀리고 있다는 통찰에는 이르지 못하고 있다.

한국 청소년의 자살경향을 추동하는 집합적 경향은 교육이라는 핑계로 전 사회를 획일적으로 몰아가는 출세와 성공 지향의 강력한 문화·정서적 경향을 말한다. 이 집합적 경향은 입신양명주의적이고 숭문주의적인 집합적 의지와 정서를 강하게 품어내는 세력으로 작용한다. 이 구조적 세력은 교육 관련 제도와 시스템에도 반영되어 학생들에게 강력한 타율적 통제로 부과되지만, 결코 쉽게 체화될 수 없는 정서적 압박으로 다가온다.

이 교육의 탈을 쓴 성공과 출세 지향의 문화자본 획득을 위한 무한 경쟁의 게임에는 청소년 학생들은 물론이고 학부모와 교사 모두가 얽혀 있다. 이 게임의 획일적 승패 룰에 따라 불가피하게 탈락하거나 성공(출세) 또는 대학, 특히 일류대학 입학의 길 밖으로 밀려나거나 그렇게 될 수밖에 없는 청소년들에게는 항상 욕구불만과 좌절에 따른 자살에 이르는 충동적 동기와 유인들이 넘실대기 마련이다. 이것이 바로 한국 청소년들의 자살 경향을 낳는 사회문화적 배경이자 원천이다. 이렇게 볼 때 한국 청소년들의 자살을 굳이 유형화한다면 숙명적 아노미형에 가깝다고 할 수 있다.

2) 장년층의 자살 현상

성공과 출세에 대한 강박적 의지와 정서를 집합적으로 몰아가는 가족주의 습속은 장년층의 자살 유발의 주요 배경으로도 작용한다. 앞에서 이미 검토한 대로, 20대와 30대 연령계층의 자살률은 사망순위에서 모두 1위이며, 40대와 50대 모두는 2위를 차지한다.

생애주기별 특성을 고려할 때, 20대는 직업 선택이라는 쉽지 않은 과제를 가지며, 또한 직장에서 자신의 자아에 대한 평가가 업무수행능력과 타자에 따라 이뤄지는 상황과 조건을 공통으로 대하고 있다. 특히 이들이 직장을 택할 때나 직장에서의 성공 여부는 한국 사회 특유의 '성공과 출세'의 상징인 번듯한 직장과 높은 연봉, 승진 등이 기준이 된다. 한국 사회에서 인지도 있는 대기업 취업이나 고액 연봉의 직책은 성공과 출세를 상징하는 기호로서의 문화 자본적 가치가 부여돼 있다. 많은 대학 졸업생들이 장기간 실업 상태에도 구인난에 허덕이는 중소기업에의 취업을 외면하는 이유도 실은 이와 무관하지 않다.

실질적 노동활동 연령대인 20대 후반부터 30~40대를 포함해 50대까지의 연령대는 모두 한국 사회를 실질적으로 이끌어 가는 견인차 구실을 하는 중추적 연령계층이다. 특히 가족을 이끌어가는 가장으로서의 위치와 경제적 측면의 생산자와 소비자로서의 핵심적 역할을 고려할 때 이들이 대하는 현대 사회의 현실은 녹록지 않은 삶의 조건을 형성한다.

1990년대 중후반 이후의 현대 한국 사회는 이른바 경제적 신분의 상승을 어렵게 할 뿐만 아니라, 한국의 세속적 의미의 성공과 출세에 이르는 합리적 수단 방법의 획득이 점점 더 어려워지는 사회·경제적 현실을 조성한다. 그리고 장기적 경기 침체와 글로벌 외생변수에 따른 경제적 급변에 의한 경제적 어려움 또는 실직이라는 극단의 상황은 돌발하는 환경, 특히 경제적 양극화 환경을 야기한다(김문조, 2008). 이와 같은 실존 조건에서 한국 청장년층들은 삶의 영위 과정에서 정신·심리적으로 불안과 좌절, 무의미 상태에 빠져 있다고 할 수 있다.

이 점에서 가족주의 습속에 의해 추동되는 성공과 출세의 집합적 의지와 정서는 오늘날 어려운 상태에 빠져 있다고 할 수 있다. 심화하고 있는 경제적 양극화의 상황에서 개인들은 성공과 출세를 위한 목표 설정 자체가 더욱 어렵게 될 뿐만 아니라 설사 목표를 설정했다고 하더라도 그것을 실현해 가는 과정은 현실적으로 매우 어려운 것일 수밖에 없다.

이 상황과 대면해 있는 한국 사회의 장년층들을 더욱더 어렵게 하는 것은, 앞에서 검토했듯이, 전통적 유사 상담 기제의 해체 상황과 이를 대체할 수 있는 제도적 상담 기제의 부재 상황이다. 이 점에서 오늘날 한국의 가장들은 실존적으로 이른바 '자아 홀로만의 판단과 선택'의 기제에 의존한 채로 삶을 헤쳐나가는 존재라고 볼 수 있다.

이 실존 상황에서 자살 충동으로 내몰릴 수 있는 개인 심리적 성향들, 곧 소외, 우울, 좌절, 자기부정, 무의미 같은 성향들은 더욱더 조장되고 강화된다. 이 점에서 한국 사회의 장년층이 택하는 자살은 이기적·아노미적 자살 유형이 복합적으로 혼재된 유형이라고 볼 수 있겠다.

3) 노년층의 자살 현상

이미 말한 대로, 노인의 자살은 한국 사회가 급속하게 고령사회로 진입하고 있다는 점을 감안할 때 아주 심각한 현상이다. 기존의 노인 자살에 대한 역학적 분석들은 주로 자살을 노령화로 인한 생리·육체적 변화로 인한 인구생리학적 요인들이나 사회적 및 직업적 지위의 상실 등에서 기인하는 소외나 고독 등과 같은 심인성적 변인들 때문에 일어나는 노인 특유의 증후군이라고 보는 게 일반적이었다(김형수, 2002; 배지연, 2008; 유정균, 2008; 최연희·김수현, 2008).

물론 이렇게 노인 계층 특유의 존재론적 변인들을 자살의 주요인으로 포착하는 시각도 설득력이 없는 것은 아니다. 하지만 이러한 시각에는 이와 같은 변인들이 한국 사회의 문화·정서적 차원과 불가분하게 연결돼 있다는 것을 간파하지 못하는 한계가 있다.

물론 사회 구조적 측면에서 노인 자살 현상을 다룬 연구가 없진 않다. 특히 김 승용은 이혼율, 경제성장률, 실업률 등과 같은 사회 구조적 요인들이 노인들 생활의 양적·질적 지위의 악화를 가져오고 이 상황이 노인의 자살 충동 강화로 이어진다고 주장한다(김승용, 2004). 여기서 주된 해법은 제도·체계론적 측면에서 제안된다. 따라서 가정의 안정화 체계, 노인전문 상담기관, 경제충격 완충장치, 노인전문 연구기관을 신설하거나 확충할 것을 제안한다. 대부분의 분석이 그러하듯이, 이 해법의 시각에도 한국 사회 특유의 집합적 경향의 부정성의 작동에 대한 통찰이 없다.

거듭 말하지만, 이 집합적 경향은 노인들의 자살 유발 변인들, 예컨대 고독, 소외, 자기부정, 무의미를 강화하고 몰아가는 한국 사회의 문화·정서 차원의 습속을 말하는 것이다. 이 집합적 경향성은 무엇보다도 전통적으로 '나이'에 강박적으로 집착하는 한국 사회의 문화·정서·언어적 특성과 연관된다. 우리의 공동체는 '나이에 속박된age-locked' 삶의 정치학적 특성을 강하게 가진다.

한국 사회에서는 예로부터 장유유서 등과 같은 유교적 사상에 따라 나이를 묻고 밝히는 것이 일종의 예의이자 의무가 되었으며, 나이의 많고 적음에 따라 지켜야 할 예와 도덕, 덕목 등이 인간관계를 성공적으로 영위하는 데 중요한 요소로 작용했다. 하지만 오늘날 우리는 주위에서, '노인네가 무얼 …', '늙으면 죽어야지', '늙은이가 주책이야', '늙은이가 무슨 일(공부)을 한다고 …' 등등의 자조적이고 자기비하적인 언어들을 자주 듣고 쓰곤 한다. 노령자에 대한 공경(공양)을 중요한 공동체적 덕목으로 강조했던 대표적인 유교공동체인 한국 사회에서 이것이 도대체 가능하기나 한 것일까?

이는 젊음을 찬양하고 노인에 대한 공경심이 상대적으로 약했던 유럽이나 북미 국가들과 달리, 노인들의 지혜와 권위가 중요했던 유교적 전통을 갖는 사회가 근대화되면서 나타난 노인 계층의 상실감이나 소외감의 사회적 표현으로 볼 수 있다. 전통적으로 한국 사회에서는 유교 도덕사상의 기본이 되는 덕목인 장유유서의 예에서 볼 수 있듯, 노인은 젊은이보다 많은 지혜(지식과 정보)가 있다고 여겨졌으며, 그에 걸맞게 해당 지역사회의 쟁점이나 의사 결정 과정에서 주요 의사결정권자의 지위를 누리고 그에 따르는 권력을 행사할 수 있었다.

하지만 근대화의 진행에 따라 산업 사회로 접어들면서 노년층이 쌓아온 지혜는 한물간 무가치하고 유효성 또는 수행성이 떨어지는 지식(정보)으로 간주하는 경향이 커졌다. 이러한 경향은 지식과 정보의 생애주기가 짧아지는 세계화와 정보화의 추세에 따라 더욱 가속화되고 있다. 결국, 노인의 위상, 권위 및 역할은 점점 더 소외되고 주변화되는 현상이 보편화하였다.

이와 같은 추세에 따라, 한국 사회에는 물리적 '나이 듦'에 대해 숭배와 경시가 야누스적으로 혼재된 관념이 문화·정서적으로 자리 잡아가고 있으며, 이 양가적 관념이 제도적 및 정책적으로도 반영되어 작용하고 있다. 더욱 심각한 것은 이 사회적 태도가 공공연하게 노인에 대한 차별적 담론으로 반영되어 노인의 힘든 삶뿐만 아니라 자살(죽음)까지도 사회적 관심이나 쟁점으로 드러내지 않으려는 경향을 보이고 있다는 사실이다(김형수, 2000).

물론 노인에 대한 이러한 차별적 문화·정서의 분위기는 성공과 출세 지향의 집합적 경향에 의해 더욱 강화된다. 이 상황에서 노인들 스스로 자신들을 자녀 세대와 사회공동체에 경제적 짐이 되고 부담이 되는 존재로 규정하게 됨으로써, 소외나 우울증과 같은 자살 충동의 심리 상태에 쉽게 빠지게 된다. 이 점에서 한국 사회의 노인 계층의 자살은 뒤르케임이 말하는 이타적 자살 유형에 가깝다고 할 수 있다.

1990년대 후반 이후 지속적으로 확충되고 있는 다양한 복지 서비스에도 2000년대 후반 들어 노인 자살자 증가율이 전체 자살자 증가율의 5~6배에 달할 정도로 가파르게 상승한다는 사실을 볼 때도 한국 사회의 노인 자살이 개인의 심리·생리적 요인이나 가정 해체 등과 같은 단일 요인들에 의해 기인하는 현상으로 보기는 어렵다. 오히려 이러한 단일 요인들은 노인 자신을 이타적 희생자로 느끼도록 만들어 가는 한국 사회의 집합적 경향의 힘에 의해 촉발되는 종속적 인과 요인들로 보는 것이 옳다.

6. 마치며: 가족주의 습속은 자살 현상 뒤에 숨겨진 사회적 기제

이상의 논의에서 한국 사회의 자살 현상은 개인 차원의 정신 병리적 현상이 아니라, 문화·정서 구조 차원의 '집합적 경향'과 불가분의 관계를 갖는 사회문화적 현상임을 주장했다. 물론, 그렇다고 자살의 유발과 관련된 개인의 심인성 차원의 중요성을 절대 무시하지 않는다. 그러나 많은 연구 결과들을 종합해 볼 때, 한국 사회의 자살은 개인의 심인성 차원의 특정 요인만을 주목해 설명될 수 있거나 한국 사회의 구조를 구성하는 다양한 중범위 단위들의 단일한 영향력에 의해서도 이해될 수 있는 현상이 아니다.

뒤르케임의 자살론이 가정하듯이, 모든 사회에는 자살의 경향이 있으며 그 자살 경향은 해당 사회의 '집합적 경향'과 불가분의 관계를 가진다. 당시 뒤르케임은 명료화하지 않았지만, 그가 정의하는 집합적 경향의 속성들, 예컨대 비가시성, 실재성, 독자성, 개인 초월성, 집합성, 지속성, 침투성 등을 고려할 때 이는 사회 구조의 문화·정서적 및 언어적 차원을 함축하는 개념으로 이해된다.

한국적 '가족주의 습속'은 한국 사회의 문화·정서적 및 언어적 구조 차원이 품어내는 집합적 경향성을 달리 이르는 말이다. 이 점에서 가족주의 습속은 문화 습속이기도 하다. 이 습속은 조선 시대 이후 '출세와 성공지향의 강력한 문화·정서적 경향'으로 작동하고 있으며, 자석의 자기장과 같이 존재 구속적 세력으로 작용한다. 따라서 대부분의 한국 사회 구성원들은 이 비가시적 습속의 힘에 굴복하고 추종하는 삶의 유형을 형성하고 있으며, 일상의 삶의 정치학 또한 이 기제에 따라 움직인다.

이 가족주의 습속이 형성하는 존재 구속적 기제가 바로 한국형 '자살 경향'을 조장하고 추동하는 주요 배경이자 원천이다. 이 습속의 작동은 특히 1990년대 이후 두드러지게 변화하고 있는 한국 사회의 가족 구조 및 관계성의 변화 추세와도 친화적으로 조응하며 영향력을 행사한다. 이론적 접근이기는 하지만, 이와 같은 해석학적 및 방법론적 분석 틀은 한국 사회의 자살 현상에 대한 구조적 이해에 유효한 것으로 보인다. 앞으로 이에 대한 실증적 연구가 뒷받침되어야 할 것이다.

이렇게 볼 때, 그동안 한국 사회의 자살 현상에 대한 기존의 지배적 연구들의 관점과 방법론에서 간과되었거나 주변화됐던 자살 유발의 문화·정서구조 차원의 심각성을 중요하게 다뤄야 할 필요가 있다. 그리고 한국 사회의 자살을 줄이고 예방하는 길이 단지 도덕 교육적 및 지성·합리적 차원에서 개인의 현실 적응 능력을 신장시키거나 제도적 및 시스템적 장치나 프로그램을 확충하고 캠페인을 벌이는 데만 있지 않다는 것을 통찰하게 된다. 한국 사회의 자살 문제를 풀기 위한 실천 가능한 해법을 모색하는 데 이는 중요한 전제이다.

| 참고문헌 |

국가통계포털 http://www.kosis.kr.

〈조선일보〉, '아이 안 낳기' 한국 미래가 없다, 2005년 2월 18일 자.

〈조선일보〉, 출산율저하원인, 2005년 5월 26일 자.

통계청 통계정보시스템 http://kosis.kr.

통계청, 『2004년 생활시간조사결과』.

통계청, 『2009년 생활시간조사결과』.

통계청, 『2012 고령자통계』.

통계청, 『2012 사회조사결과』.

통계청, 『2012 통계로 보는 여성의 삶』.

통계청, 『2012 한국의 사회동향』.

통계청, 인구동향조사(2012. 6. 29). http://kosis.kr/abroad/abroad_01List.jsp

강창동, 「한국 가족주의의 교육 문화적 성격」, 『교육사회학연구』 6(1), 1996.

공선영, 「경제위기 이후 인구학적 특성 및 사회경제적 특성이 기혼여성의 출산에 미친 영향」, 『보건과 사회과학』 19, 2006.

권태환·박영진, 「2장 가구 및 가족의 성격변화: 센서스 보고서 자료의 시계열적 분석」, 권태환·김태헌·최진호 편, 『한국의 인구와 가족』, 서울: 일신사, 1995.

금명자, 「한국 사회와 교육적 성취: 성취의 그늘, 한국 청소년의 일탈행동: 우리나라 학업중단청소년에 대한 이해」, 『한국가정관리학회지-사회문제』 14(1), 2008.

김경신, 「가족 가치관의 세대별 비교연구-노년, 중년, 청소년세대를 중심으로」, 『대한가정학회지』 36, 1998.

김기연·신수진·최혜경, 「한국인의 세대별 가치관과 생활행동」, 『한국가족관계학회지』 3(1), 2003.

김두섭, 「IMF 외환위기와 사회경제적 차별출산력의 변화」, 『한국인구학』 30(1), 2007.

김문조, 『한국 사회의 양극화 - 97년 외환위기와 사회불평등』, 서울: 집문당, 2008.

김미경, 「노인복지에 대한 가족사회학적 접근: 노인 부양문제를 통해 본 노인복지와 여성복지의 관계에 대한 시론적 고찰」, 『한국 사회학』 34, 2000.

김범구, 「연구논문: 청소년 학업중단에 대한 연구동향 분석」, 『청소년학연구』 19(4), 2012.

김성기, 「한국과 미국의 학업중단 현황 및 대책에 관한 비교연구」, 『초등교육연구』 25(2): 1, 2012.

김수완, 「결혼 해체 이후 삶의 변화: 경제적 상태와 생활만족도 변화에 관한 종단연구」, 『한국 여성학』 26(1), 2010.

김승권, 「최근 한국 사회의 출산율 변화원인과 향후 전망」, 『한국인구학』 27(2), 2004.

김승권·장경섭·이현송·정기선·조애저·송인주, 「한국 가족의 변화와 대응방안」, 한국보건사회연구원, 2000.

김승용, 「한국 노인자살률 변동과 사회 구조적 요인에 대한 연구」, 『사회복지정책』 19, 2004.

김영란, 「한국의 여성운동과 여성복지정책의 변화: 노동과 섹슈얼리티 분야를 중심으로」, 『한국사회학』 37, 2003.

김영욱·허태균, 「자살과 미디어: 한국 일간신문의 자살 보도」, 2005년도 한국자살예방협회 심포지엄 자료집, 2005.

김용분·이정섭, 「자살 개념분석」, 『정신간호학회지』 12(4), 2003.

김용숙, 「교육개혁, 낙오자 없는 학교 만드는 데 주안점 두어야」, 『시민과변호사』 116, 2003.

김정석, 「기혼여성 출산아수별 추가출산계획」, 『한국인구학』 30(2), 2007.

김진영, 「사회경제적 지위와 건강의 관계」, 『한국 사회학』 41(3), 2007.

김춘경·홍종관, 「십 대 자살 예방과 치료를 위한 위기상담적 고찰: 학교상담개입을 중심으로」, 『대구교육대 논문집』 38, 2003.

김태헌, 「가치관 변화와 저출산」, 『보건복지포럼』 102, 2005.

김태헌·이삼식·김동회, 「인구 및 사회경제적 차별출산력-인구센서스 자료 분석을 중심으로」, 『한국인구학』 29(1), 2006.

김현숙, 「우리나라 가구의 자녀 수 결정요인에 관한 Count 모형 분석 및 경제적 함의」, 『한국인구학』 30(3), 2007.

_______, 「스웨덴 노인복지제도의 변화에 관한 연구」, 경희대학교 사회학과 박사학위논문, 2012.

김현식, 「가구 소득 및 거주형태와 자녀출산」, 『보건·복지 Issue & Focus』 143, 2012.

김형수, 「노인과 자살」, 『한국 노년학』 10, 2000.

김형수, 「한국노인의 자살 생각과 관련 요인 연구」, 『한국노년학』 22(1), 2002.

김혜숙·김은희·김항원·유철인·장현섭, 「한국 가족/친족연구의 쟁점: 도시 중산층과 제주도의 가족/친족에 대한 연구를 중심으로」, 『가족과 문화』 11(1), 1999.

김혜영, 「한국의 가족문화와 여성인권」, 『아세아여성연구』 32, 2003.

남윤영,「우리나라 자살의 경향과 특징」, 한국자살예방협회심포지엄 자료집, 2005.

남재량·성재민·최효미·신선옥·배기준,「한국노동패널 1-11차년도 조사자료 User's Guide」, 한국노동연구원, 2012.

노상우·송영미,「청소년 자살 충동의 요인 분석」,『교육논총』 22, 전북대학교 교육대학원, 2002.

노용환,「자살의 경제학적 분석 - 우리나라 시, 도별 패널자료를 이용한 접근」,『경제학연구』 54(3), 2006.

노정민,「자살현상에 대한 정신분석학적 접근」,『학생생활상담』 17, 1998.

에밀 뒤르켐,『자살론』, 임희섭 옮김, 서울: 삼성출판사, 19##.

______,『사회학적 방법의 규칙들』, 윤병철 · 박창호 엮음, 새물결, 2001.

문경숙,「학업스트레스가 청소년의 자살 충동에 미치는 영향: 부모와 친구에 대한 애착의 매개 효과」,『아동학회지』 27(5), 2006.

문성원,「인터넷 자살 사이트에 의해 매개 된 자살: 사례 중심의 탐색적 연구」,『한국심리학회지: 상담 및 심리치료』 14(2), 2002.

게르트 미슐러,『자살의 문화사』, 유혜자 옮김, 시공사, 2002.

민문홍,『에밀 뒤르켐의 사회학』, 아카넷, 2001.

민현주,「엄마의 취업과 자녀 터울에 관한 동태적 분석」,『한국사회학』 41(3), 2007.

박경숙·김혜영,「한국 여성의 생애 유형: 저출산과 M자형 취업곡선의 함의」,『한국인구학』 26(2), 2003.

박민자,「21세기 한국 가족, 어떻게 달라질까」, 한국가족문화 편,『21세기 한국 가족: 문제와 대안』, 경문사, 2005.

박병철,「자살의 사회적 이해」, 한국자살예방협회 엮음,『자살의 이해와 예방』, 학지사, 2008.

박상칠·조용범,『자살, 예방할 수 있다』, 학지사, 1998.

박수미,「둘째 출산 계획의 결정요인과 가족 내 성 형평성」,『한국인구학』 31(1), 2008.

박영신,『역사와 사회 변동』, 민영사, 1987.

박영신,『우리 사회의 성찰적 인식』, 현상과인식, 1995.

______,「두 갈래의 윤리 지향성, 그 울을 넘어」, 한국사회이론학회 엮음,『윤리와 우리 사회』, 현상과인식, 1998.

______,「사회 변동, 가족의 삶, 그리고 종교 지향성」,『현상과 인식』 25(3), 2001.

박은옥,「청소년의 자살 시도에 영향을 주는 요인」,『대한간호학회지』 38(3), 2008.

박현숙,「청소년의 자아 정체감과 우울이 자살사고에 미치는 영향」,『정신간호학회지』 16(2), 2007.

방하남, 「여성노동력의 노동시장 전이과정의 동태적 분석」, 『한국사회학』 30, 1996.

배지연, 「노인자살에 관한 사례 분석: 신문기사내용을 중심으로」, 『노인복지연구』 23, 2004.

울리히 벡, 『사랑은 지독한 그러나 너무나도 정상적인 혼란』, 강수영 외 옮김, 새물결, 1990

변용찬·김동회·이송희, 「결혼행태 변화와 출산율의 상관성 연구」, 한국보건사회연구원, 2010.

보건복지부, 『OECD Health Data』, 2012.

서동우, 「생명존중 및 자살에 대한 국민태도 조사」, 한국자살예방협회 심포지엄 자료집, 2005.

서동우·정상혁, 「자살의 실태와 문제점」, 『자살의 이해와 예방』, 한국자살예방협회 엮음, 학지사, 2008.

손병덕, 「일반청소년, 학습장애 청소년의 우울 및 자살 충동에 미치는 다변적 요인예측」, 『청소년학연구』 12(1), 2005.

손수민, 「영아기 자녀를 둔 취업모와 비 취업모의 양육 스트레스 비교와 관련 변인에 관한 연구」, 『미래유아교육학회지』 19(1), 2012.

송재룡, 「가족주의와 한국 사회의 '삶의 유형'」, 『현상과인식』 26(1/2), 2002.

______, 「한국 사회의 '삶의 정치학'과 아버지」, 『현상과인식』 28(4), 2004.

______, 「한국 사회의 문화구조 특성에 대한 연구: 전근대적 문화 습속을 중심으로」, 『담론201』 12(3), 2009.

______, 「'차별적 과시' 문화의 폭력성: 피에르 부르디외에 기대어」, 『사회이론』 42, 2012.

신동준, 「살인과 자살의 문화적 사회 구조적 원인: 머튼의 아노미이론 검증을 위한 국가 간 비교 연구」, 『한국사회학』 38(4), 2004.

신상진·조영태, 「사회적 자본과 자살 충동」, 『보건교육·건강증진학회지』 24(3), 2007.

신수진, 「한국의 가족주의 전통과 그 변화」, 이화여자대학교 박사학위논문, 1998.

안병철, 「상업화와 가족형태: 비판적 고찰, 사회변동과 사회과학연구」, 홍승직교수회갑기념논문집간행위원회 엮음, 『홍승직 교수회갑기념논문집』, 1980.

안호용, 「두 개의 가족원리와 새로운 가족의식의 형성」, 『정신문화연구』 19(2), 1996.

안호용·김홍주, 「한국 가족변화의 사회적 의미」, 『한국사회』 3집, 고려대학교 한국사회연구소, 2000.

존 엑커, 「스웨덴의 여성, 가족, 공공정책」, 한국여성정책연구회 엮음, 『복지국가와 여성정책』, 새물결, 2000.

야마다 마사히로, 『우리가 알던 가족의 종말: 오늘날 일본 가족의 재구조화』, 장화경 옮김, 그린비, 2010.

오현아·박영례·최미혜, 「부모-자녀 의사소통과 우울이 청소년 자살 생각에 미치는 영향」, 『아동간호학회지』 14(1), 2008.

옥선화, 「현대한국인의 가족주의 가치에 대한 연구」, 서울대학교 박사학위논문, 1989.

앤 올로프, 「젠더와 시민의 사회적 권리: 젠더 관계와 복지국가에 대한 비교분석」, 『복지국가와 여성정책』, 한국여성정책연구회 옮김, 새물결, 2000.

우남희 외, 「저출산 시대의 자녀 양육과 교육에 대한 한국 어머니들의 인식 및 실태 조사」, 『미래유아교육학회지』 16(3), 2009.

캐스 우드워드, 「사회정책에 대한 페미니스트 비판」, 한국여성정책연구회 옮김, 『복지국가와 여성정책』, 새물결, 2000.

우해봉, 「한국 중 고령층의 성별·교육수준별 건강기대여명 차이」, 『한국사회학』 43(1), 2009.

유도진, 『한국 사회의 이해』, 다사랑, 2001.

유영주, 「한국 가족의 기능분석-가족 내 행동을 중심으로」, 동국대학교 박사학위논문, 1990.

유정균, 「노인자살률의 지역별 편차 - 가족불안정의 영향을 중심으로, 1995-2005」, 『한국인구학』 31(2), 2008.

육성필, 「자살관련 변인의 탐색과 치료 프로그램 개발」, 고려대학교 박사학위논문, 2002.

윤민재, 「한국 사회의 군대문화와 군자살 사고에 대한 사회학적 고찰」, 『담론201』 11(1), 2007.

윤연정·이미숙, 「가족 건강성이 아동의 자아존중감 및 친 사회적 행동에 미치는 영향」, 『한국가정관리학회지』 25(2), 2007.

은기수, 「경제적 양극화와 자살의 상관성: 1997년 외환위기를 전후하여」, 『한국인구학』 28(2), 2005.

_______, 「미혼에서 결혼으로 이행-최근 우리나라에서 저출산이 갖는 의미」, 『보건복지포럼』 102, 2005.

이동원·이근후·박영숙, 「도시가족의 부부 역할갈등과 가족의 안정성에 관한 연구-가족과 문화」, 『한국가족학회지』 10(1), 1998.

이득재, 『가족주의는 야만이다』, 소나무, 2001.

이명진, 「한국 사회의 선택 혼: 시기별 추이와 국제비교」, 『한국사회학』 34, 2000.

이미경, 『신자유주의적 반격하에서 핵가족과 가족의 위기: '페미니즘적 비판의 쟁점들'』, 공감이론신서, 1999.

이민식, 「우울증과 자살」, 『2000년』 247, 2003.

이병식, 「대학생의 학업중단에 영향을 미치는 대학 기관 특성의 탐색적 분석」, 『교육학연구』 41(2), 2003.

이삼식, 「제2차 저출산·고령사회 기본계획 수립 배경과 의의」, 『보건복지포럼』 172, 2011.

이삼식·정경희 외, 「저출산 원인과 파급 효과 및 정책방안」, 한국보건사회연구원, 2010.

이삼식·최효진, 「생애주기변화와 출산행태 간의 상관성에 관한 연구: 교육, 경제활동 및 결혼을 중심으로」, 한국보건사회연구원, 2010.

이순형, 「가족주의 집합주의-성취지향성과 양육 가치관의 관계」, 『한국사회학』 30, 1996.

이여봉·이미정, 「한국 가족의 변화와 가족정책」, 『가족과문화』 15(1), 2003.

이영문, 「자살의 심리적 분석」, 『자원봉사자상담교육 교재』, 수원시 자살예방센터 제4기, pp.5~17, 2004.

이주희, 「여성 관리직 진출 기업의 특성」, 『한국사회학』 37(5), 2003.

이진숙, 「여성복지와 가족 정책적 과제: 가족 내 보호노동을 중심으로」, 한국사회학회 후기 사회학대회 발표문, 2000.

이창순, 「고도복지국가의 여성의 지위: 스칸디나비아 국가를 중심으로」, 『기업경영연구』 1, 1994.

이현송, 「가족의 생애주기와 기혼여성의 경제활동」, 『한국사회학』 30, 1996.

이홍탁, 「E. Durkheim과 R. K. Merton의 아노미 이론과 사회생물학」, 『사회과학논집』 20(2), 2003.

이희완·유현숙, 「노인자살 예방대책의 현황과 과제」, 『글로벌사회복지연구』 1(2), 2011.

임희섭, 『사회변동과 가치관』, 정음사, 1986.

장경섭, 『가족의 미래, 여성 한국 사회연구회 편-가족과 한국 사회』, 경문사, 1995.

장상수, 「한국 사회의 교육수준별 혼인 유형과 그 변화」, 『한국 사회학』 33, 1999.

장현섭, 「한국 사회는 핵가족화하고 있는가?」, 『한국 근현대 가족의 재조명』, 한국사회사연구회 엮음, 문학과지성사, 1993.

전영주, 「우울증을 매개로 한 청소년의 자살구상에 관한 가족 및 학교환경의 경로분석 모델」, 『대한가정학회지』 39(1), 2001.

전영주·이숙현, 「청소년 자살구상과 관련 변인 분석」, 『청소년학 연구』 7(1), 2000.

조영식, 『문화 세계의 창조』, 문성사, 1951.

조혜선, 「기혼여성의 고용 지위 결정요인」, 『한국사회학』 36(1), 2002.

______, 「결혼만족도의 결정요인: 경제적 자원, 성 역할관, 관계성 모델의 비교」, 『한국사회학』 37, 2003.

주리애 · 권석만, 「인터넷을 매개로 나타나는 문제행동과 유형분석」, 『심리과학』 10(1), 2001.

채규만, 「디지털 시대의 인간 심리와 문제점」, 『성신여대 인문과학연구』 11, 2003.

최봉영, 『한국인의 사회적 성격 I, II』, 느티나무, 1994.

최연희 · 김수현, 「재가 노인의 우울에 따른 자살 생각과 관련 요인」, 『한국노년학』 28(2), 2008.

최원기, 「청소년 자살의 사회 구조적 원인 연구」, 『사회복지정책』 18, 2004.

최재석, 『한국가족연구(개정판)』, 일지사, 1982.

한경혜, 「라이프 코스 관점에서 본 은퇴경험의 남녀차이」, 『한국사회학』 42(3), 2008.

한성열, 「한국 문화와 자살」, 『자살의 이해와 예방』, 한국자살예방협회 엮음, 학지사, 2008.

함인희, 「변화하는 가족과 여성의 지위」, 『여성연구』 11(2), 1993.

함인희, 「한국 가족의 위기: 해체인가 재구조화인가?」, 『한국가족학회』 14(3), 2002.

_______. *Familie Heute: Wandel der Familienstrukturen und Folgen fuer die Erziehung.* pp. 20-52. Darmstadt. Wissenschaftliche Buchgesellschaft, 1999.

________. *Die Hochzeit: Ihre heutige Sinnzuschreibung seitesn der Eheschliessenden: eine empirische-soziologische Studie.* pp.99-101 Wuerzburg. Ergon, 1997.

_______. Adler, N. E., and Newman, K. Socioeconomic Disparities in Health: Pathways and Policies. *Health Affairs* 21(2), 2002.

Amato, P. R. Long-term Implications of Parental Divorce for Adult Self-concept. *Journal of Family Issues* 9(2), 1988.

Amato, P. R. The Consequences of Divorce for Adults and Children. *Journal of Marriage and the Family* 62(4), 2000.

Amato, P. R., and Booth, A. Consequences of Parental Divorce and Marital Unhappiness for Adult Well-being. *Social Forces* 69(3), 1991.

Amato, P. R., and DeBoer, D. D. The Transmission of Marital Instability across Generations: Relationship Skills or Commitment to Marriage? *Journal of Marriage and the Family* 63(4), 2001.

Amato, P. R., and Sobolewski, J. M. The Effects of Divorce and Marital Discord on Adult Children's Psychological Well-being. *American Sociological Review* 66(6), 2001.

Aseltine, R. H. Pathways Linking Parental Divorce with Adolescent Depression. *Journal of*

Health and Social Behavior 37(2), 1996.

Balbo, Laura. 1987. *Women and the State: The Shifting Boundaries of Public and Private.* Sasson, A. S (ed). [「조각보 이불: 복지국가 논쟁의 여성학의 시각」, 『여성과 국가: 국가정책과 여성의 공·사 영역의 변화』, 여성개발원 옮김, pp. 37~62.]

Becker, G. S. An economic analysis of fertility. *Demographic and Economic Change in Developed Countries.* Universities-National Bureau Conference Series No.11. Princeton: Princeton University Press, 1960.

Beck-Gernsheim, E. *Was kommt nach der Familie? Einblicke in neue Lebensformen.* Muenchen, 1998.

Bellah, Robert N. et al. *Habits of the Heart(Updated Edition with a new Intro.).* Berkeley:University of Berkeley Press, 1996.

Borchorst and Siim. 1989. *Women and the State: The Shifting Boundaries of Public and Private.* Sasson, A. S (ed). [「여성과 선진복지국가-새로운 가부장적 권력관계」, 『여성과 국가: 국가정책과 여성의 공·사 영역의 변화』. 여성개발원 옮김, pp. 123~153).

Cameron, A. C., and Windmeijer, F. A. G. An R-squared Measure of Goodness of Fit for Some Common Nonlinear Regression Models. *Journal of Econometrics* 77, 1997.

Carlsson, Barbro and Folke Carlsson. *Social Welfare and Handicap Policy in Sweden.* The Swedish Institute, 1982.

Cherlin, A. J. The Deinstitutionalization of American Marriage. *Journal of Marriage and Family* 66(4), 2004.

Cherlin, A. J., Chase-Lansdale, P. L., and McRae, C. 1998. Effects of Parental Divorce on Mental Health throughout the Life Course. *American Sociological Review* 63(2), 1998.

Cleves, M. A., Gould, W. W., and Gutierrez, R. G. *An Introduction to Survival Analysis Using Stata*(revised). College Station. TX: Stata Press, 2004.

Cohen, J. *Statistical Power Analysis for the Behavioral Sciences*(2nd ed.). Hillsdale. NJ: Lawrence Erlbaum Associates, Inc, 1988.

Dahlerup, D. 1989. *Women and the State: The Shifting Boundaries of Public and Private.* Sasson. A. S.(ed). (여성개발원 역. 「개념의 혼돈-현실의 혼돈: 가부장제 국가에 대한 이론적 고찰」, 『여성과 국가: 국가정책과 여성의 공·사 영역의 변화』).

DiPrete, T. A., and Eirich, G. M. Cumulative advantage as a mechanism for inequality: A review of theoretical and empirical developments." *Annual Review of Sociology* 32, 2006.

Draper, N. R., and Smith, H. *Applied Regression Analysis*(3rd ed.). New York: John Wiley & Sons. Inc, 1997.

Durkheim, Emile. *The Rules of Sociological Method.* New York: Free Press, 1962[1895]. [윤병철·박창호 옮김, 『사회학적 방법의 규칙들』, 새물결, 2001].

Durkheim, Emile. *Slected Writings.* Anthony Giddens(eds). Cambridge: Cambridge University, 1972.

Durkheim, Emile. *Suicide: A Study in Sociology.* New York: The Free Press, 1990[1897]. [임희섭 옮김, 『자살론』, 삼성출판사, 1990).

Elwert, F., and Winship, C. Effect Heterogeneity and Bias in Main-Effects-Only Regression Models. *Heuristics, probability and causality: A tribute to Judea Pearl.* Dechter, R., Geffner, H., and Halpern, J. Y.(eds.). UK: College Publications, 2010.

Esser, H. Ehekrisen: Das Reframing der Ehe und der Anstieg der Scheidungsraten. *Zeitschrift fuer Soziologie* 31, 2002.

Ferraro, K. F., and Kelley-Moore, J. A. Cumulative disadvantage and health: long-term consequences of obesity? *American Sociological Review* 68(5), 2003.

Forsberg, Mats. *The Evolution of Social Welfare Polish in Sweden.* The Swedish Institute, 1984.

Foster, C. The Limits to Low Fertility: A Biosocial Approach. *Population and Development Review* 26(2), 2000.

Fukuyama, Francis. *Trust: The Social Virtues and the Creation of Prosperity.* London: Hamish Hamilton, 1995.

Giddens, Anthony. *Sexuality, Love & Eroticism in Modern Societies.* , 1996. [배은경·황정미 옮김, 『현대사회의 성, 사랑, 에로티시즘』, 새물결,).

Girard, C. Age, Gender, and Suicide: A Cross-National Analysis. *American Sociological Review* 58(4), 1993.

Gupta, Sanjiv. The Effects of Transition in Marital Status on Men's Performance of Housework. *Journal of Marriage and the Family* 61, 1999.

Hernes, H. M. *Women and the State: The Shifting Boundaries of Public and Private. Sasson.* A. S (ed). (여성개발원 옮김. 「여성과 복지국가: 사적 의존에서 공적 의존으로의 변화」, 『여성과 국가: 국가정책과 여성의 공·사 영역의 변화』: 63-83).

Hetherington, E. M., and Kelly, J. *For better or for worse: Divorce reconsidered.* New York, NY: W. W. Norton, 2002.

House, J. S., Landis, K. R., and Umberson, D. Social Relationships and Health. *Science* 241(4865), 1988.

House, J. S., Umberson, D., and Landis, K. R. Structures and Processes of Social *Support. Annual Review of Sociology* 14, 1988.

Jekielek, S. M. Parental Conflict, Marital Disruption and Children's Emotional Well-being. *Social Forces* 76(3), 1998.

Kim, C. S. Household and family. *The population of Korea.* Kim. D-S, Kim, C-S.(eds.).

South Korea: Korea National Statistical Office, 2004.

Kim, H. S. Consequences of Parental Divorce for Child Development. *American Sociological Review* 76(3), 2011.

Kim, J., and H. Woo. "The Complex Relationship Between Parental Divorce and the Sense of Control." *Journal of Family Issues* 32(8), 2011.

Kim, J., and Ross, C. E. Neighborhood-specific and General Social Support: Which Buffers the Effect of Neighborhood Disorder on Depression? *Journal of Community Psychology* 37(6), 2009.

Kim, J., and Woo, H. The Complex Relationship Between Parental Divorce and the Sense of Control. *Journal of Family Issues* 32(8), 2011.

Klein, J. P., and Moeschberger, M. L. *Survival analysis: Techniques for censored and truncated data*(2nd ed.). New York: Springer, 2003.

Kwon, T. H. Family System as a Determinant of Fertility in Traditional Korea. *Bulletin of the Population and Development Studies Center* 13, 1984.

Lewis, Jane and Gertrude Astrom. Equality, Difference, and State Welfare: Labour Market and Family Policies in Sweden. *Feminist Studies* 18(1), 1992.

Lin, N., and Ensel, W. M. Life Stress and Health - Stressors and Resourses. *American Sociological Review* 54(3), 1989.

Link, B. G., and Phelan, J. Socail Conditions as Fundamental Causes of Disease. *Journal of Health and Social Behavior,* 1995.

McLanahan, S., and Adams, J. Parenthood and Psychological Well-Being. *Annual Review of Sociology* 13, 1987.

Mirowsky, J., and Ross, C. E. Control or Deffense- Depression and the Sense of Control over Good and Bad Outcomes. *Journal of Health and Social Behavior* 31(1), 1990.

Mirowsky, J., and Ross, C. E. *Social Causes of Psychological Distress,* 2002

Mirowsky, J., and Ross, C. E. Education and Self-rated Health-Cumulative Advantage and Its Rising Importance. *Research on Aging* 30(1), 2008.

Morgan, S. P., and Rindfuss, R. R. Household structure and the tempo of family formation in comparative perspective. *Population Studies* 38(1), 1984.

Morrison, D. R., and Cherlin, A. J. The Divorce Process and Young Childrens Well-being - A Prospective Analysis. *Journal of Marriage and the Family* 57(3), 1995.

Musick, M. A., and Wilson, J. Volunteering and Depression: the Role of Psychological and Social Resources in Different Age Groups. *Social Science & Medicine* 56(2), 2003.

Nave-Herz, R. *Family Change and Intergenerational Relationships in Germanny. Family Change and Intergenerational Relations in Different Cultures.* R. Nave-Herz(eds). Familie und Gesellschaft Bd.9. Wuerzburg, 2002.

Nave-Herz, R., and Sander, D. 1998. "Heirat ausgeschlossen? Ledige Erwachsende in sozialhistorischer und subjektiver Perspektive." *Frankfuert/NewYork(Campus):* 21-25.

Neumayer, Eric. Recessions Lower (Some) Mortality Rates: Evidence from Germany. *Social Science and Medicine* 58(6), 2004.

Newell, Sue. The Superwoman Syndrome: A Comparison of the 'Heroine' in Denmark and the UK. *Women in Management Review* 11(5), 1996.

Parkin, Frank. *Durkheim*. Oxford: Oxford University Press, 1992.

Riggio, H. R. Parental Marital Conflict and Divorce, Parent-child Relationships, Social Support, and Relationship Anxiety in Young Adulthood. *Personal Relationships* 11(1), 2004.

Rosenbaum, P. R. *Observational Studies(2nd ed.)*. New York: Springer-verlag, 2002.

Ross, C. E. and Huber, J. Hardship and Depression. *Journal of Health and Social Behavior* 26(4), 1985.

Ross, C. E., and Mirowsky, J. Parental Divorce, Life-course Disruption, and Adult Depression. *Journal of Marriage and the Family* 61(4), 1999.

Ross, C. E., and Mirowsky, J. Neighborhood Disorder, Subjective Alienation, and Distress. *Journal of Health and Social Behavior* 50(1), 2009.

Royston, P. Multiple Imputation of Missing values: Update. *Stata Journal* 5, 2005.

Scelza, B. A. The grandmaternal niche: Critical caretaking among Martu Aborigines. *American Journal of Human Biology* 21, 2009.

Scholz, W. D. Zwischen normativem Anspruch und praktischer Lebensgestaltung. Vorstellungen von Jugendlichen ueber Ehe,Familie undKinder. In Hoffnung widerstehen. *Beirtraege im Kontext wissenschaftsorientierter Bildungsarbeit unter den Bedingungen der deutschen Teilung.* F.W. Busch/R.Koelblin(Hsg.). Oldenburg, 2002.

Sear, R, and Coall, D. How much does family matter?: Cooperative breeding and the demographic transition. *Population and Development Review* 37(Supp.), 2011.

Smith, Vicky. 1989. *Women and the State: The Shifting Boundaries of Public and Private. .Sasson,* A. S (ed). (여성개발원 옮김. 「순환트랩: 여성과 시간제 일」, 『여성과 국가: 국가정책과 여성의 공·사 영역의 변화』: 236~256).

Sobolewski, J. M., and Amato, P. R. Parents' Discord and Divorce, Parent-child Relationships and Subjective Well-being in Early Adulthood: Is Feeling Close to Two Parents Always Better than Feeling Close to One? *Social Forces* 85(3), 2007.

South, Scott J., and Glenna Spitze. Housework in Marital and Nonmarital Households. *American Sociological Review* 59(3), 1994.

StataCorp. *Stata, Release 11: Statistical Software.* College Station. TX: StataCorp LP, 2009.

Thoits, P. A. Life stress, social surport, and psychological vulnerability-epidemiological considerations. *Journal of Community Psychology* 10(4), 1982.

Thoits, P. A. Stress, Coping, and Social Support Processes-Where Are We-What Next. *Journal of Health and Social Behavior,* 1995.

Thoits, P. A. Mechanisms Linking Social Ties and Support to Physical and Mental Health. *Journal of Health and Social Behavior* 52(2), 2011.

Turner, R. J., and Lloyd, D. A. Lifetime Traumas and Mental Health: The Significance of Cumulative Adversity. *Journal of Health and Social Behavior* 36(4), 1995.

Waite, L. J. Does Marriage Matter? *Demography* 32(4), 1995.

Weber, Max. *The Religion of China: Confucianism and Taoism.* New York: Macmilan, 1951.

Weiner, J., Harlow, L., Adams, J., and Grebstein, L. Psychological Adjustment of College Students from Families of Divorce. *Journal of Divorce & Remarriage* 23(3-4), 1995

Wolfe, Alan. The Day-care Dilemma: a Scandinavian Perspective. *The Public Interest* 95, 1989.

Yanagisako, Sylvia Jun. Family and household: The analysis of domestic group. *Annual Review of Anthropology* 8, 1972.

Yoo, Do-Jin. Family Structure in South Korea. *Family Change and Intergenerational Relations in Different Cultures.* R. Nave-Herz(ed). Familie und Gesellschaft Bd.9. Wuerzburg, 2002.

Yoo, Do-Jin. Stand der Forschung zum Thema Familienvorstellungen Jugendlicher in Korea. *Familienvorstellungen von Jugendlichen.* Busch, F.W., W.D. Scholz(Hrsg.). Universitaet Oldenburg, 2003.

| 저자소개 |

김중백

미국 텍사스 대학교 오스틴캠퍼스 사회학과에서 박사학위를 받았으며, 테네시 대학교 녹스빌캠퍼스 사회학과의 조교수를 역임했다. 현재 경희대학교 사회학과 조교수로 재직하고 있다. 연구관심은 건강의 사회학, 생애과정, 사회심리학의 주제를 다루고 있다. 최근 논문으로 *Neighborhood Disorder and the Sense of Personal Control: Which Factors Moderate the Association?(2011)* 등이 있다. E-mail: jkim64 @khu.ac.kr

유도진

독일 킬Kiel 대학교에서 사회학 박사학위를 받았으며 현재 경희대학교 사회학과 명예교수로 재직하고 있다. 연구관심은 가족사회학, 문화사회학이며 저서로 『사회학 입문』, 『사회학 입문』, 『청소년의 소비관』 등이 있다. Email: djyoo@khu.ac.kr

이창순

미국 시카고 대학교에서 사회학 박사학위를 받았으며 현재 경희대학교 사회학과에서 교수로 재직하고 있다. 전공분야는 사회조직, 사회학이론, 젠더 사회학 등이다. 경희대학교 사회교육원장, 사회과학부장을 역임했다. 저서 및 역서로는 『페미니즘과 포스트모더니즘의 만남』, 『조직이론』, 『조직: 구조와 과정』, 『직장이여 안녕: 해체되는 조직, 사라지는 평생직장』 등이 있다. E-mail: cslee@khu.ac.kr

김현식

미국 위스콘신-메디슨 대학교의 통계학과에서 석사학위를 취득했으며 동 대학원 사회학과에서 박사학위를 취득했다. 현재 경희대학교 사회학과에서 조교수로 활동 중이다. 아동성장, 교육사회학, 인구학, 그리고 통계방법론 등에 관심을 두고 활발한 연구를 진행 중이다. 최근 논문으로는 *Consequences of Parental Divorce for Child Development(2011)*가 있다. E-mail: sochyunsik@khu.ac.kr

송재룡

영국 브리스톨 대학교 사회학과에서 석사 및 박사학위를 받았으며, 현재 경희대학교 사회학과 교수로 재직하고 있다. 연구관심은 공동체주의 전망에서 종교, 지식, 문화, 윤리 등의 주제를 다루는 데에 있다. 최근 논문으로 「울리히 벡의 코스모폴리탄 비전과 그 한계: 공동체주의 입장에서」, 「탈근대 사회와 대안 공동체의 진화」, 「한국 사회의 '자기 진정성self-authenticity' 문화와 그 비극」, 「피터 윈치의 '룰 준수rule-following' 이론과 그 사회학적 함의」 등이 있다. E-mail: jrsong@khu.ac.kr

우혜영

미국 텍사스 대학교 오스틴캠퍼스에서 박사학위를 받았으며 현재 포틀랜드 주립대학교 사회학과에서 조교수로 재직하고 있다. 연구관심은 가족사회학, 건강의 사회학이며 최근 논문으로는 *The Myth of the Model Minority Myth(2012)*가 있다. E-mail: hyeyoung@pdx.edu

김지연

한국외국어대학교에서 경제학 석사학위를 취득하고 한국보건사회연구원에서 연구원으로 일한 경력이 있다. 여성 노동시장과 경력단절, 일-가정 양립, 가족정책, 통계적 방법론 등이 주요 연구 관심분야이다. E-mail: josephine_jy@naver.com